中共中央党校（国家行政学院）
马克思主义理论研究丛书

历史唯物主义视域中的
"精神"研究

RESEARCH ON "SPIRIT" IN THE PERSPECTIVE OF
HISTORICAL MATERIALISM

王海滨 ◎ 著

社会科学文献出版社
SOCIAL SCIENCES ACADEMIC PRESS (CHINA)

丛书前言

党的二十大报告指出："马克思主义是我们立党立国、兴党兴国的根本指导思想。中国共产党为什么能，中国特色社会主义为什么好，归根到底是马克思主义行，是中国化时代化的马克思主义行。"马克思主义科学理论指导是我们党鲜明的政治品格和强大的政治优势。任何时候，我们都不能淡化这个政治品格，都不能丢掉这个政治优势；任何时候，我们都要彰显这个鲜明的政治品格，都要发挥这个强大的政治优势。

中共中央党校（国家行政学院）是党中央培训全国高中级领导干部和优秀中青年干部的学校，是研究宣传习近平新时代中国特色社会主义思想、推进党的思想理论建设的重要阵地，是党和国家哲学社会科学研究机构和中国特色新型高端智库，是党中央直属事业单位。在习近平总书记的亲自关怀下，全体教职工在校（院）委领导下正致力于将中共中央党校（国家行政学院）"建设成为党内外公认的、具有相当国际影响力的中国共产党名副其实的最高学府，建设成为在党的思想理论建设特别是研究宣传习近平新时代中国特色社会主义思想上不断开拓创新、走在前列的思想理论高地，建设成为英才荟萃、名师辈出、'马'字号和'党'字号学科乃至其他一些学科的学术水准在全国明显处于领先地位的社科学术殿堂，建设成为对党和国家重大问题研究和决策提供高质量咨询参考作用的国家知名高端智库"。

中共中央党校（国家行政学院）马克思主义学院是党中央批准成立的。2015年12月11日，习近平总书记在全国党校工作会议上强调："中央批准中央党校成立马克思主义学院，就是坚持党校姓'马'姓'共'之举。"习近平总书记的重要讲话和中共中央党校（国家行政学院）"四个建成"目标的提出，为我们建设好马克思主义学院指明了方向。

为了展示中共中央党校（国家行政学院）马克思主义学院政治过硬、理论自觉、本领高强、作风优良、建功立业党校人的学术风范和最新研究成果，学好用好习近平新时代中国特色社会主义思想，推动中共中央党校（国家行政学院）马克思主义学院建成一流的马克思主义教学基地、一流的马克思主义研究高地、一流的马克思主义思想阵地，努力在国内乃至国际上产生重要的政治影响力、学术影响力和社会影响力，我们编辑出版了"中共中央党校（国家行政学院）马克思主义理论研究丛书"。

第一批丛书献礼新中国成立70周年，共出版11册，包括《探求中国道路密码》《对外开放与中国经济发展）《国家治理现代化的唯物史观基础》《中国道路的哲学自觉》《历史唯物主义的"名"与"实"》《马克思主义中国化的理论逻辑》《发展：在人与自然之间》《马克思主义基本原理若干问题研究》《马克思人学的存在论阐释》《新时代中国特色新型城镇化道路》《比较视野下的中国道路》，社会科学文献出版社2019年出版。该批丛书被中共中央宣传部推荐参加了庆祝新中国成立70周年大型成就展。

第二批丛书共12册，包括《马克思主义经典著作与当代中国》《马克思主义政治经济学与当代中国经济发展》《马克思早期思想文本分析：批判中的理论建构》《出场语境中的马克思话语》《当代资本主义新变化：金融化、积累危机与社会主义的未来》《当代马克思主义若干问题研究》《中国道路与中国话语》《历史唯物主义的返本开新》《新时代中国乡村振兴问题研究》《被遮蔽的马克思精神哲学》《论现代性与现代化》《青年马克思与施泰因：社会概念的比较研究》，社会科学文献出版社 2020~2021 年出版。

第三批丛书共 6 册，包括《异化劳动与劳动过程：理论、历史与现实》《政党治理的逻辑：中国共产党治党理论与实践研究》《身份政治的历史演进研究：以社会批判理论为视角》《西方马克思主义文化批判理论研究》《马克思利润率趋向下降规律研究》《马克思恩格斯对黑格尔历史观的批判与超越》，社会科学文献出版社 2022~2024 年出版。

现在继续组织出版的第四批丛书共 6 册，包括《构建与超越：中国式现代化道路研究》《新时代中国特色基层协商实务》《马克思所有权理论研究》《历史唯物主义视域中的"精神"研究》《防范金融风险与稳定经济增长——以宏观调控为视角》《阿尔都塞的哲学思想研究》。

社会科学文献出版社社长冀祥德、该社马克思主义分社社长曹义恒及各本书的编辑为丛书出版作出了重要贡献，在此一并感谢。由于水平有限，丛书不足之处在所难免，请读者批评指正。

丛书编委会

2024 年 12 月 19 日

目　录

理论篇

第一章　历史唯物主义视域中精神理论的现代性建构 ⋯⋯⋯⋯ 3

第一节　精神的本质与结构：以实践为枢纽的精神结构论 ⋯ 4

第二节　精神的运行与发展：以人的解放为基础的
精神修养与精神实现 ⋯⋯⋯⋯⋯⋯⋯⋯⋯⋯ 7

第三节　精神的力量与作用：与现代化实践能够良性互动的
精神境界观 ⋯⋯⋯⋯⋯⋯⋯⋯⋯⋯⋯⋯⋯⋯ 12

第二章　历史唯物主义与精神境界的现代性建构 ⋯⋯⋯⋯⋯ 16

第一节　历史唯物主义视域中传统文化的精神境界取向 ⋯⋯ 17

第二节　历史唯物主义的整体性架构与现代西方文化的
精神境界追求 ⋯⋯⋯⋯⋯⋯⋯⋯⋯⋯⋯⋯ 21

第三节　在"现代化·欲望·精神"的关联中探寻
现代性的精神境界 ⋯⋯⋯⋯⋯⋯⋯⋯⋯⋯ 24

第三章　马克思主义基本原理与中华优秀传统文化相结合
视域中的"精神"研究 ⋯⋯⋯⋯⋯⋯⋯⋯⋯⋯⋯ 31

第一节　主宰与受动相辅相成的精神本质论 ⋯⋯⋯⋯ 33

第二节　整体性与层次性协调统一的精神结构论 ⋯⋯⋯ 36

第三节 精神修养与精神解放彼此呼应的精神发展观 ……… 39

第四节 内向超越与实践创造相互包容的精神境界观 ……… 42

第四章 历史唯物主义与人的精神发展的三个路向 ……… 45

第一节 精神修养：境界逻辑与苦乐原理 ……… 46

第二节 精神实现：自由逻辑与主客原理 ……… 48

第三节 精神解放：实践逻辑与知行原理 ……… 51

第五章 精神的实现与现实的精神：从黑格尔到马克思 ……… 57

第一节 马克思对黑格尔精神实现论的追随、

批判和超越 ……… 58

第二节 马克思资本现代性批判的精神维度 ……… 61

第三节 如何走出现代性的精神困境 ……… 65

第六章 马克思开辟的精神研究理路 ……… 71

第一节 后黑格尔精神理论的逻辑自觉 ……… 73

第二节 以实践为基石的整体性框架中的精神存在

及其发展脉络 ……… 75

第三节 历史延续性视角下人的解放和精神实现 ……… 80

第四节 实践哲学视野中的精神结构论 ……… 86

第五节 历史唯物主义论域中的精神解放论 ……… 88

第六节 与中华文化的精神互鉴 ……… 92

第七章 马克思的精神生产论及其当代性 ……… 96

第一节 物质生产和精神生产的"中心-依附"论批判 ……… 96

第二节 物质生产和精神生产协调发展的基本条件 ……… 99

第三节 物质生产和精神生产良性互动的具体环节 ……… 102

第八章 《共产党宣言》与共产党人的理想信念 ……… 105

第一节 提供理论基础 ……… 105

第二节 输送智慧滋养 ……… 107

第三节　激发精神力量 ·················· 108

现实篇

第九章　历史唯物主义与中国式现代化的"精神自我" ········ 113

第一节　"历史·人心"：一个应该且能够"精神上立起来"的

新时代 ·················· 114

第二节　"实践·精神"：为现代性的中国实践

凝神铸魂 ·················· 117

第三节　"学术·话语"：走进精神的深处与走出

现代性的精神困境 ·················· 121

第十章　历史唯物主义视域中的精神重建与中国现代性建构 ··· 127

第一节　现代性的多副面孔及其"单向度"实践 ········ 128

第二节　作为中国现代性建构题中应有之义的

"精神重建" ·················· 130

第三节　优化当代中国人精神重建的"文化生态" ········ 133

第十一章　当代中国发展的现实逻辑与人的精神世界重建 ····· 137

第一节　精神与现实的逻辑权重 ·················· 138

第二节　精神与现实的和解和互动 ·················· 143

第十二章　当代中国人精神现代化的实现路径及其依赖条件 ··· 148

第一节　精神现代化的研究现状 ·················· 149

第二节　当代中国人精神现代化的结构化路径分析 ········ 150

第三节　当代中国人精神现代化的现实依赖条件 ········ 155

第十三章　现代性、中国问题和精神重建 ·············· 160

第一节　欲望主宰与感性至上原则 ·················· 160

第二节　中国人精神世界的现代转型 ·················· 164

第三节　重建当代中国人的精神秩序 ·················· 167

第十四章 面向"中国问题"的人学研究与文化哲学：重建当代中国人的精神世界 ···················· 170

第一节 传统文化认同与精神世界重建 ············· 171

第二节 文化启蒙与精神世界重建 ··············· 173

第十五章 历史唯物主义视域中的中国精神涵养与话语体系建构 ···················· 176

第一节 如何认识和涵养中国精神 ··············· 176

第二节 怎样构建中国精神话语体系 ············· 179

参考文献 ···································· 183

理论篇

第一章 历史唯物主义视域中精神理论的现代性建构

　　现代化征程中的诸种精神问题呼唤面向现代性的精神理论。精神的本质与结构、运行与发展、力量与作用等构成了精神理论的基本问题域。以实践为基石的历史唯物主义的分析框架，在受动性和能动性的辩证统一中把握精神世界的本质及其内在结构。精神运行的基本机制体现着精神受动性和精神能动性的统一。历史唯物主义的"实践性""辩证性""历史性""整体性"，为研究现代性的精神境界建构问题提供了"现代性·需要·精神"这一分析框架。基于与现代化实践良性互动的精神文化追求，探寻物的占有和精神需求之间的关联互动及其动态平衡成为一种应然的现代性文化理想。建构一种唯物史观视域中的新型现代性精神理论，对于深化历史唯物主义的研究理路，以及重建与现代化良性互动的精神世界和走出现代性的精神困境，具有重要的理论意义和实践价值。

　　现代化征程中的诸种精神问题及其破解召唤面向现代性的精神理论。满足于精神世界的内向超越、虔诚信仰或自我陶醉而不能自觉与现代化良性互动的一些传统文化，以及在"大脑·心理·语言·行为"的框架中对某些精神因素进行科学实验和实证分析的现代心理学，在如何走出现代性的精神困境方面一定程度上显得无能为力。破解现代性的精神困境问题，不能离开内在精神世界与现代化实践之间的关联互动关系。"马克思的'历史唯物主义'的真正力量和独创性，是怎样照亮现代精神生活的"①，对于这个坚持和发展历史唯物主义的重要问题，我们的关注和研究显然不够深入且缺乏共识性的成果。在以实践为基石的历史唯物主义的整体性框架中，理性审视精神的本质、结构、发展及其作用等基本问题，推出主要由以实践为枢纽的精神结构论、以精神解放为基础的精神修养论与精神实现论、以"现代性·需要·精神"为基本框架的精神境界观所构成的新型的现代性精神理论，无论是对破解现代化进程中的"精神问题"、提升现代人的精神生活质量而言，还是对深化与发展21世纪马克思主义、推进马克思主义基本原理与中华优秀传统文化相结合而言，都具有一定的理论价值和实践意义。

第一节　精神的本质与结构：以实践为枢纽的精神结构论

"精神"一词，在古代汉语中最早出现于《庄子·刻意》中，"精神四达并流"，强调天地之间的精灵之气及其变化。在《中国大百科全书·哲学》中，"精神"同物质相对应，是和意识相一致的哲学范畴，是由社会存在决定的人的意识活动及其内容和成果的总称。②"精神"对应的英文 spirit 和德文 Geist，均来源于拉丁文 spiritus，原意是轻薄的空气、轻微的流动，引申义接近于古希腊的努斯（Nous），即基督教的圣灵、普遍灵魂或理性灵魂。德国思想理论界把"精神"提升至哲学文化层面进行了深入研究并产生了一系列具有影响力的成果。在现代德语中，"精神"既有心灵的意思，也有神、灵魂、圣灵的意思。③ 在《不列颠百科全书》关于"精神"的词条中，区别于"非精神"，"精神"被限定为有目的的活动和意向性；精神事件是可以进行内省的内心事件；精神现象大致可以分为

---

① 〔美〕马歇尔·伯曼：《一切坚固的东西都烟消云散了：现代性体验》，徐大建、张辑译，商务印书馆，2013，第113页。
② 参见《中国大百科全书·哲学》，中国大百科全书出版社，2004，第379页。
③ 参见潘再平主编《新德汉词典》，上海译文出版社，2011，第515页。

认识的、感受的和意愿的三个方面。① 从以实践为基石的历史唯物主义的角度来看，正如运动是物质的存在方式、实践是人的存在方式一样，与实践活动持续关联的人的内在动态运行是精神存在的基本方式。马克思认为"精神"的实质是"真理"和"自由"②，主要表现形式是"欢乐、光明"③。从人们在社会生活和学术研究中对精神概念的使用来看，广义的精神主要涉及与物质世界相对应的意识世界，狭义的精神主要指社会历史实践进程中主体的智慧积淀、情感升华、意志抉择和正向性价值共识。

基于现实的人的实践活动，历史唯物主义主要在受动性和能动性的辩证统一中把握精神世界的本质及其内在结构。马克思说过，精神"用它所专有的方式掌握世界"④。也就是说，精神的本质及其结构围绕着实践而展开，不能脱离与实践的互动而抽象界定或把握精神。一方面，精神世界及其结构具有受动性。在具体的认识过程中，主体的感性思维和意识观念等"精神上的现实丰富性"取决于"现实关系的丰富性"⑤。也就是说，内在精神世界中的受感官刺激的感性思维和认知因素，直接受到现实的具体的实践活动的制约。注重从受动性出发把握精神的本质及其结构，显示着马克思精神论的唯物主义底色。这体现在马克思的一系列相关论述中，如思维是物质关系的直接产物、意识的改变离不开现实的社会关系的改造、范畴是社会关系的抽象表现和历史的暂时的产物、从物质实践出发解释各种观念形态，等等。另一方面，精神世界及其结构具有能动性。从现实逻辑看，对结果的谋划具有一定的逻辑先在性。"劳动过程结束时得到的结果，在这个过程开始时就已经在劳动者的表象中存在着，即已经观念地存在着。"⑥ 从人类的主体性和创造性来看，

---

① 参见《不列颠百科全书》第11卷，中国大百科全书出版社，2007，第243～244页。
② 《马克思恩格斯全集》第1卷，人民出版社，1956，第7、67页。
③ 《马克思恩格斯全集》第1卷，人民出版社，1956，第7页。
④ 《马克思恩格斯选集》第2卷，人民出版社，2012，第701页。
⑤ 《马克思恩格斯文集》第1卷，人民出版社，2009，第541页。
⑥ 《马克思恩格斯全集》第23卷，人民出版社，1972，第202页。

主体能够运用内在固有的尺度和任何事物的尺度来衡量对象以及进行物质生产与精神生产。内在精神世界的这种能动性把人从依赖本能的动物中区分出来。在马克思的话语里，激情、目的、意志、觉悟、想象等精神因素在现实生活和生产实践中发挥着指导作用，体现着主体的主观能动性和自觉主动性。"人不是由于有逃避某种事物的消极力量，而是由于有表现本身的真正个性的积极力量才得到自由。"① 精神的本质及其结构的能动性在现实生活和生产实践中得以充分展现。"通过实践创造对象世界，改造无机界，人证明自己是有意识的类存在物。"② 从实践出发审视精神本质及其结构的受动性和能动性，马克思既超越了费尔巴哈在感性直观层面所实现的主客统一，也超越了黑格尔在抽象精神领域内所实现的主客统一。

在唯物史观的理性审视下，与实践活动持续关联互动的欲求、情感、认知和评价等精神世界的基本要素，都体现着受动性和能动性的统一。其一，欲求表征着人的生存本能。对物的占有、对功名的渴求，是人的自然本能和发展需求。满足需求的条件越是缺乏，越会激发主体强烈的占有欲。欲求满足就会让人感觉快乐，而难以实现的欲求总是带来痛苦感觉。在实践活动中，欲求的满足具有明显的受动性，它离不开不以人的意志为转移的外在对象。当然，人的欲求不同于纯粹动物式的生理需求，它受到其他精神要素的制约。主体追求欲求满足的实践活动具有一定的自觉性、社会性和道德性。其二，情感以本能和欲望为基础，是伴随着外来刺激而从主体的内在世界滋生的情绪与感受的凝结化状态。从受动性来看，情感容易受到外在世界和现实生活的影响，如触景生情、日久生情等。从能动性来看，人具有产生愉快或不愉快的情感的能力，而且会想方设法满足情感需要以获得持续的愉悦感受。当然，在现实生活世界中，基于能动性和受动性的统一，人既会产生愉快的情感，也可能产生不愉快的情感。爱与憎就是情感世界不可分割的一体两面。其三，

---

① 《马克思恩格斯全集》第2卷，人民出版社，1957，第167页。
② 《马克思恩格斯全集》第3卷，人民出版社，2002，第273页。

认知是在实践基础上主体对客体的能动反映。认知过程本身就体现了受动性和能动性的统一。尽管无法排除和摆脱各种条件或因素的干扰，但主体都期待在实践活动中，借助一定的认知工具，对自然、社会和人的思维形成正确的认知。主体在借助推理试图捕获科学知识和追求真理的过程中，不可避免地会受到各种条件的制约，因此，认知未必总是能够捕获真理，主体往往只能无限接近客体。在实践与认识的关系上，马克思主义哲学原理由原来的侧重"决定""反映"，逐渐发展为注重涵摄反映论的选择论、建构论、创造论的统一，呈现出一个从偏重受动性到注重受动性和能动性相统一的发展过程。其四，评价是基于主体需求的价值体认。评价通过规范对其他精神因素及其变动发挥着制约性作用和控制性功能。由于受到感官感受、主观情绪、兴趣爱好、理性与科学、快乐和幸福、善和正义等因素的综合影响，评价标准体现着受动性和能动性的统一。

第二节　精神的运行与发展：以人的解放为基础的精神修养与精神实现

　　精神运行是在现实生活世界中内在精神世界的结构性要素发挥整体性作用的过程，涵摄着精神世界的各个结构性要素自身功能的发挥，以及要素间的互相影响和互相制约的关系及其作用机理。在实践过程中，精神运行的主要功能是适应外部环境和社会规范以及追求自我发展和自我实现。精神运行的程序，即在外部环境的刺激下（这里的刺激指任何一种作用于有机体并引起感官反应的物理能量），通过感觉、知觉、经验、学习、记忆等把握世界，在原有的精神认知结构中同化相近的认识和经验，或在新的知识内化时进行认知重构，进而完成精神内化，然后通过精神外化体现于语言和行为之中，把主体所消融的心理模式和精神图式应用于不同的场合，以适应环境或改造世界。精神运行主要包括同化和顺应两个环节，所谓同化是指将现有的心理模式运用到新的情境中去，所谓顺应是指通过修正已有的观念以适应新的要求。

在以实践为基石的历史唯物主义的视域中,精神运行的基本机制体现着精神受动性和精神能动性的统一。其一,精神运行的控制机制主要是由具有指向性和集中性的注意引起,对精神运行过程和行为进行自我计划、自我监督、反馈和纠偏、自我调节的运行过程及其作用机理。其二,精神运行的动力机制是指内在的动机、矛盾、无意识的力量以及其他心理生活等动力系统驱动精神运行的程序过程及其作用机理。外在刺激和精神需要是精神运行的主要动力源。其三,精神运行的平衡机制是制衡精神世界的一些对抗性元素的程序和机理,如平衡理性因素与非理性因素、消极心理和积极心理、光明意识与幽暗意识、激进思想和保守思想,等等。其四,精神运行的整合机制就是要促使精神世界的诸要素在和外在世界关联的过程中作为一个整体呈现出力量或发挥作用。

走出现代性的精神困境,需要开展从精神运行及其基本机制到精神发展路向的研究。精神发展的一个基本路向是精神修养。精神修养犹如"在心田上种植和培养庄稼",反映着精神生活不断充实、丰富和发展的过程。人的精神生活空间需要渐进式地培养和精心呵护。精神修养离不开主体的自觉意识和主动选择,也离不开循序渐进的学习和教养。社会环境和文化氛围对人的精神修养的重视和关怀,能够发挥重要的引导作用。

在历史唯物主义论域中,马克思对此进行了深刻的分析与批判。第一,关于以德性修养和道德觉解超越本能与世俗的限制。道德修养对人的精神生活发挥着重要的约束功能和规范作用,马克思提出"道德的基础是人类精神的自律"①,认为社会存在决定社会意识,并指明了伦理观念的产生过程,人们"从他们进行生产和交换的经济关系中,获得自己的伦理观念"②。归根到底,一定的伦理观念和道德意识源于具体的社会历史条件和现实生活环境,因此"道德、

① 《马克思恩格斯全集》第 1 卷,人民出版社,1956,第 15 页。
② 《马克思恩格斯选集》第 3 卷,人民出版社,2012,第 470 页。

宗教、形而上学和其他意识形态"无法保留"独立性的外观"①。马克思恩格斯提出了"共产主义者根本不进行任何道德说教""共产主义者不向人们提出道德上的要求"② 等论断，体现了他们着眼于每个人的自由发展和一切人的自由发展这个最大最根本的道德。第二，关于摆脱自然整体的机械束缚以及社会整体对个人自由的某种妨碍，以空灵逍遥、解脱无执为意义追求的修养方式。在历史唯物主义的整体性框架之中，主体与客体是互相制约的，内在和外在是相互关联的，因此不可能完全超离现实关系和历史条件追求个人的逍遥解脱。一味隔离现实而追求纯粹的精神逍遥，极少数人可以，若大多数人这样做，社会历史发展必然会出问题。即使对于极少数人，其实际上也不可能长期脱离现实社会关系去追求完全的抽象的自我解脱。第三，关于虔诚的宗教信仰的终极关怀价值和精神慰藉作用。在马克思看来，纯粹沉迷于信仰会削弱人的主体性和创造性，因此他曾称宗教是"无精神活力的制度的精神"③。在批判宗教信仰成为"那些没有获得自己或是再度丧失了自己的人的自我意识和自我感觉"④ 的基础上，马克思期望人们能够自觉认识和把握社会趋势与历史规律，以现实性和能动性在不断改造世界的过程中推动社会历史向前发展。"对宗教的批判使人不抱幻想，使人能够作为不抱幻想而具有理智的人来思考，来行动，来建立自己的现实；使他能够围绕着自身和自己现实的太阳转动。"⑤

精神发展的一个基本路向是精神实现，即在社会历史实践的基础上，通过认识世界和改造世界以克服主体与客体之间的对立，让精神状态和精神力量由内向外充分发挥和施展。在现实生活和实践活动中，精神主要借助语言和行为发挥作用，其形态主要展现为"现实的、有血有肉的人的精神所创造的法律、社会、国家、风俗、

---

① 《马克思恩格斯文集》第 1 卷，人民出版社，2009，第 525 页。
② 《马克思恩格斯全集》第 3 卷，人民出版社，1960，第 275 页。
③ 《马克思恩格斯文集》第 1 卷，人民出版社，2009，第 4 页。
④ 《马克思恩格斯全集》第 1 卷，人民出版社，1956，第 452 页。
⑤ 《马克思恩格斯文集》第 1 卷，人民出版社，2009，第 4 页。

习惯、伦理道德的世界"①。对于在近代的工业革命和政治革命中所展示出来的精神实现的过程、作用与力量，德国古典哲学将其提升至哲学高度进行深刻把握，尤其体现为康德和黑格尔研究精神实现的本质、依据及在此过程中建构起哲学思辨体系。在康德那里，因缺乏直接的感官刺激而无法用知性概念把握进而被理论理性排除的意志自由，在实践理性中经由道德的"绝对律令"得以证明和实现。"要这样行动，使得你的意志的准则任何时候都能同时被看作一个普遍立法的原则。"② 在同样探索精神实现的过程中，黑格尔扬弃了康德的批判方式及内容，他认为如果从特殊经验中不能把握普遍、从有限中不能通达无限，那就会否定人的想象力和抽象思维能力，贬低人运用概念的智慧。在黑格尔看来，自由的精神能够运用概念穿透事物的本质。"精神实现自身的过程也就是通过把与其自由本质不相适合的现实改变为与之相适合的现实而实现其自由的过程"③。实际上，黑格尔所谓的客观精神就是主观精神的一种现实形态。

　　针对康德和黑格尔对于精神实现的思辨探索，马克思从以实践为基石的历史唯物主义的角度进行了深入的分析与批判。马克思揭示了康德的精神实现论实际上"把这个善良意志的实现以及它与个人的需要和欲望之间的协调都推到彼岸世界"④，并进一步开辟了从实践出发在现实世界解决人的自由全面发展问题的哲学现实化道路。至于黑格尔对于精神实现的哲学思辨，马克思的批判经历了一个长期的过程和明显的转折。在博士论文写作和《莱茵报》时期，马克思追随黑格尔的精神理论观，从自我意识出发审视现实，用绝对理性的自我意识改造世俗的现实。"一个本身自由的理论精神变成实践的力量，并且作为一种意志走出阿门塞斯的阴影王国，转而面向那存在于理论精神之外的世俗的现实。"⑤ 在《德法年鉴》时期，马克

① 张世英：《论黑格尔的精神哲学》，上海人民出版社，1986，第89页。
② 〔德〕康德：《实践理性批判》，邓晓芒译，人民出版社，2003，第39页。
③ 〔德〕黑格尔：《精神哲学》，杨祖陶译，人民出版社，2006，第11页。
④ 《马克思恩格斯全集》第3卷，人民出版社，1960，第212页。
⑤ 《马克思恩格斯全集》第40卷，人民出版社，1982，第258页。

思逐渐认识到自我意识的局限性，认为"自我意识通过自己的外化所能设定的只是物性，即只是抽象物、抽象的物，而不是现实的物"①。在《神圣家族》中，马克思恩格斯反思了精神和现实的人的关系，认为"用'自我意识'即'精神'代替现实的个体的人，并且用福音书作者的话教诲说：'叫人活着的乃是灵，肉体是无益的'"，"这种没有肉体的精神只是在自己的臆想中才具有精神"。②在对黑格尔精神理论体系的反思与批判中，马克思恩格斯提出"自我意识"就是"同自然分离的精神"，"绝对精神"就是"现实的人和现实的人类"。③在以实践为基石的历史唯物主义的形成过程中，马克思认识到黑格尔所谓的"精神从本质到概念领域的推移"的问题，认为"现实领域的纯粹理想性只有作为科学才能存在"④。从使用的话语来看，"精神"这个在黑格尔那里体现实体和主体相统一的存在，逐渐被马克思的"社会"概念所取代——"主体，即社会"⑤。但此后马克思并没有无视"精神"的存在及其重要性。1845 年之后，在马克思的历史唯物主义视野中，精神发展成为现实的人的自由全面发展的一个重要方面。

在辩证批判精神修养和精神实现的基础上，历史唯物主义以精神解放为基本路向系统研究了资本主义现代化制约精神发展的根本问题和现实条件。从精神发展路向的关系来看，精神解放论注重实践活动和现实优化，可以成为精神修养论和精神实现论的现实基础。随着现代化的不断推进，在资本主导的逻辑彻底压制了人的精神发展之后，人的精神解放在现代性的建构与反思中显得尤为迫切。在深刻揭示了资本主义社会的感性至上与注重占有、嵌入精神领域的"抽象统治"、人的内在本质的"空虚化"等精神问题的基础上，马克思不满足于对精神发展的理性批判和哲学思辨，他深入现代化实

---

① 《马克思恩格斯全集》第 3 卷，人民出版社，2002，第 323 页。
② 《马克思恩格斯文集》第 1 卷，人民出版，2009，第 253 页。
③ 《马克思恩格斯文集》第 1 卷，人民出版社，2009，第 341～342 页。
④ 《马克思恩格斯全集》第 3 卷，人民出版社，2002，第 14 页。
⑤ 《马克思恩格斯文集》第 8 卷，人民出版社，2009，第 26 页。

践，研究如何推进现实的人的精神解放及其自由全面发展。首先，人的精神解放离不开生产力发展提供的物质前提。没有高度发达的生产力，就没有真正的精神解放。"人们每次都不是在他们关于人的理想所决定和所容许的范围之内，而是在现有的生产力所决定和所容许的范围之内取得自由的"①。其次，人的精神解放离不开对现实的社会关系的不断改造。"社会关系实际上决定着一个人能够发展到什么程度。"② 最后，没有一定的自由时间，就谈不上人的精神解放。马克思说过："时间实际上是人的积极存在，它不仅是人的生命的尺度，而且是人的发展的空间。"③ 自由时间的运用，对于人的精神解放及其自由发展至关重要，"整个人类的发展，就其超出对人的自然存在直接需要的发展来说，无非是对这种自由时间的运用，并且整个人类发展的前提就是把这种自由时间的运用作为必要的基础"④。

第三节　精神的力量与作用：与现代化实践能够良性互动的精神境界观

　　精神境界关系着精神的功能与作用，体现着精神的力量。精神境界不仅体现一个人的气象格局、个性尊严及其价值，还可以源源不断地为精神世界和精神生活输入强大的"精神力"，这在逆境中体现得更为明显。不同于传统社会的悠闲和慢节奏，现代社会的复杂性和多变性在给予现代人更多的机遇的同时，也带来了更多的挑战。拥有较高的精神境界，促使精神发挥超然的能量与超越性的作用，显然有利于提升现代人的精神生活的质量与水准。人的精神境界不同，面对同样的社会条件和历史环境会产生不同的体验和意义感。冯友兰说过："有一公共底世界。但因人对之有不同底觉解，所以此公共底世界，对于各个人亦有不同底意义，因此，在此公共底世界

---

① 《马克思恩格斯全集》第3卷，人民出版社，1960，第507页。
② 《马克思恩格斯全集》第3卷，人民出版社，1960，第295页。
③ 《马克思恩格斯全集》第47卷，人民出版社，1979，第532页。
④ 《马克思恩格斯全集》第47卷，人民出版社，1979，第216页。

中，各个人各有一不同底境界。"① 牟宗三也讲过："主观上的心境修养到什么程度，所看到的一切东西都往上升，就达到什么程度，这就是境界。"② 较高的境界不能取消较低的境界，但是可以扬弃和统御它，进而让主体能够打开更大的精神空间，获得更多的精神快乐。作为中华优秀传统文化最高精神追求的天人合一境界，不是让人放弃所有的物质需要和占有欲求，而是强调消除人与人之间、人和天地万物之间的隔膜，使人在与世界畅通无阻的交融互动中体验纯粹的精神享受和感受真正的精神乐趣。

在以人的自由全面发展为主题的马克思主义中，人的物质需要具有极其重要的地位。马克思认为需要是人的本性，"他们的需要即他们的本性"，"任何人如果不同时为了自己的某种需要和为了这种需要的器官而做事，他就什么也不能做"。③ 也就是说，离开需要，无法谈及人的生存和发展。恩格斯批判资本主义在极大地扩张人们的物质欲求的同时，却不能满足多数人"追求幸福的欲望"。注重改造生产关系以解放和发展生产力的历史唯物主义，自然非常关心绝大多数人的物质欲望的满足，与此同时，不忽视精神自由与精神发展，其在以人的自由全面发展为主题的马克思主义中占有一席之地。实际上，精神问题在马克思的价值系统中位居高处，而且贯穿马克思思想理论研究的始终。对此，马克思曾提出，自由不仅是"人类精神的特权"，而且是"全部精神存在的类的本质"。④ 在"以财富为唯一的最终目的的那个历程"⑤ 终结之后，我们才能迎来人的精神自由得以全面发展和真正实现的时代。"自由王国"存在于"物质生产领域的彼岸"⑥。也就是说，物质生产为精神自由提供了必要的生活资料基础，却不可能取代人们对于远离物质生产领域的精神

---

① 冯友兰：《贞元六书》，中华书局，2014，第 599 页。
② 牟宗三：《中国哲学十九讲》，贵州人民出版社，2020，第 114 页。
③ 《马克思恩格斯全集》第 3 卷，人民出版社，1960，第 514、286 页。
④ 《马克思恩格斯全集》第 1 卷，人民出版社，1956，第 63、67 页。
⑤ 《马克思恩格斯全集》第 45 卷，人民出版社，1985，第 398 页。
⑥ 《马克思恩格斯文集》第 7 卷，人民出版社，2009，第 928 页。

自由的追求。值得进一步讨论的是，在历史唯物主义的整体性论域中，进一步建构"需要与精神的关系"，作为人的内在精神世界的基本问题，或许可以成为一个值得深化的唯物史观的研究理路。

人的需要是现实生活世界和物质实践活动的主要推动力。在现代化的征程中，有的人盲目追求物的占有而迷失了自我。马克思曾用"人是消费和生产的机器"①"一种纯粹动物式的意识"② 等论断深刻批判资本主义社会的这种病态。值得注意的是，在批判"欲望主宰"的现代病时，社会上也出现了有些过激的"精神至上"的境界追求。然而，精神追求太高，就容易太空。从历史唯物主义的角度来看，如果把精神的地位无限拔高，就难以实现现代化实践与精神文化之间的良性互动。进言之，一味地沉醉于这样的精神追求，必将与坚持把握社会历史发展趋势和满足绝大多数人的利益诉求等基本信念的历史唯物主义背道而驰。作为一个现代人，精神上立不起来不行，过分看重也不行。

在现实生活世界中，没有完全脱离需要的纯粹"精神人"，也没有彻底抛弃精神的纯粹"欲望人"。我们既要反对"精神退场"，也不能赞成"需要离席"。在历史唯物主义的论域中，对于人的生存和发展而言，物质需要和精神都是非常重要的。"人双重地存在着：从主体上说作为他自身而存在着，从客体上说又存在于自己生存的这些自然无机条件之中。"③ 因此在利己和牺牲的关系上，"共产主义者既不拿利己主义来反对自我牺牲，也不拿自我牺牲来反对利己主义"④，"无论利己主义还是自我牺牲，都是一定条件下个人自我实现的一种必要形式"⑤。反之，"如果这个人的生活条件使他只能牺牲其他一切特性而单方面地发展某一特性，如果生活条件只提供给他发展这一种特性的材料和时间，那么这个人就不能超出单方面的、

---

① 《马克思恩格斯全集》第 42 卷，人民出版社，1979，第 72 页。
② 《马克思恩格斯选集》第 1 卷，人民出版社，2012，第 161 页。
③ 《马克思恩格斯文集》第 8 卷，人民出版社，2009，第 142 页。
④ 《马克思恩格斯全集》第 3 卷，人民出版社，1960，第 275 页。
⑤ 《马克思恩格斯全集》第 3 卷，人民出版社，1960，第 275 页。

畸形的发展"①。在历史唯物主义的论域中，既要坚持以劳动时间作为财富的尺度，也不能忽视将自由时间作为财富的另一尺度，要进一步研究如何把握二者的比例关系。

在精神境界的现代性建构中，"恢复传统"和"解构现代"显然不是历史唯物主义的应有态度。在以实践为基石的历史唯物主义的整体性分析框架之中，基于与现代化实践良性互动的精神文化追求，实现物的占有和精神需求之间的关联互动及其动态平衡，成为一种应然的现代性文化理想。这种需要与精神之间和谐互动的精神境界，能够涵养一种与推动现代化实践的物质需求既适应又批判、既迎合又引导、既互动又超越的精神状态，进而在需要必要性与精神自主性之间取得一种富有张力的平衡。物质需求在现代化征程中已经膨胀，但精神的力量相对匮乏，不足以对占有欲形成有力的制约和规范。精神的力量可以牵制欲望的力量，使其避免走向偏激；欲望的力量可以牵引精神的力量，使其避免走向懈怠。当然，如果一味贬低物质需要，把精神品位无限拔高，就容易疏离时代和现实而误入空想。在一定意义上，无论是孔子所追求的"从心所欲，不逾矩"，还是王阳明提出的"乐是心之本体"，都可以视为一种需要和精神协调统一的理想状态。此外，一些学者提出的精神境界论，如熊十力的"证量境界"、唐君毅的"心灵九境"、冯友兰的"自然境界""功利境界""道德境界""天地境界"、张世英的"欲求的境界""求知的境界""道德的境界""审美的境界"等，既不否定由外到内的物质需要，又坚守由内向外的精神挺立，某种程度上都包含着需要和精神之间和而不同、协和共处、携手共进的意蕴。

---

① 《马克思恩格斯全集》第3卷，人民出版社，1960，第295~296页。

第二章　历史唯物主义与精神境界的
现代性建构

　　不同于传统文化和现代西方文化，历史唯物主义有着独特的精神境界建构之路。传统文化中以德性修养为支配性价值取向、以逍遥解脱为最高意义追求和以宗教信仰为终极关怀的三种取向，在一定程度上存在脱离时代转型、轻视社会关系对自我实现的重要性、贬低人的主体性和创造性等问题。现代西方文化批判中的精神追求，往往注重精神世界的某一维度，缺乏一个整体性的分析框架，因而显得零碎和缺乏真正的力量。在历史唯物主义视域中，人的精神境界应该是内化和外化的综合、适应性和超越性的统一，反对精神理想化或碎片化，建构与现代化合力共振、交相辉映的精神境界，是一种应然的文化理想。我们主张在历史唯物主义的整体架构之中，从"欲望主宰"和"精神至上"的两极张力之间寻求动态平衡，建构"现代化·欲望·精神"的协和境界。

　　关于唯物史观与人的发展之间的关联，学术界已经有诸多理论阐释。关注现代人的精神世界，也逐渐成为一个共识性课题。如何在历史唯物主义架构中关注人的精神存在和精神境界，学界却一直缺乏深入的研究。国内的历史唯物主义研究进路，基本突破了传统的"运用和推广论"，强调历史唯物主义是以实践为基石的"新的世界观"，是以"历史"为研究对象和以"历史"为理论方法或解释原则的统一，在马克思主义理论体系中居于"基础和核心"地位。

这些研究，既把"精神统治世界"的观念揭示为虚假的意识形态，也反对抹杀精神的能动性以及把精神存在简单地等同于物质副产品等论调，强调应在实践活动中研究社会存在与社会意识的关系问题。这就为研究精神境界问题限定了"可能性空间"，但目前缺乏开拓性探索和实质性建构。西方马克思主义在"重建历史唯物主义"的过程中，不约而同地突出了精神存在及其力量，如卢卡奇的"总体性"和"物化意识"、葛兰西的"文化领导权"、阿尔都塞的"多元决定论"，以及法兰克福学派提出的"否定的理性""社会性格论""爱欲解放论"等。这些研究强调却也夸大了精神的地位及其作用，逐渐溢出了历史唯物主义的方法路径及其基本限度。

　　沿着历史唯物主义开辟的道路，研究如何走出现代性的精神困境和建构现代性的精神境界，既可以阻止对精神境界的思考陷入玄妙虚空，也可以推进历史唯物主义的新发展。在唯物史观视野中，精神境界是人在适应、认识和改造世界的历史过程中，精神需要的满足层次的提升状态，标识着一个人精神追求的格局或品格。历史唯物主义超越了对精神生活的抽象化理解和直观性阐释，为把握精神境界问题提供了一种结构性和过程性相结合、社会性和历史性相统一的分析框架以及整体性的视角。对精神境界的追求，不脱离历史唯物主义的整体性架构，这样才能既仰望星空又脚踏大地。

第一节　历史唯物主义视域中传统文化的精神境界取向

　　追求什么样的精神境界，是古往今来人们不懈探索的一个问题，在传统文化中有着丰富的思想资源和深厚的智慧积淀。物质生产和物质生活是现实生活世界的基础，因此与物质文明一样，人们的精神生活和精神境界也具有社会性和历史性。在工业化和信息化时代，人们的精神境界追求，显然不同于具有靠天吃饭、日出而作、日落而息、自给自足、家庭本位等特征的漫长农业时代。现代化和全球化的历程，也是人的内在力量日益彰显的进程。美国物理学家约瑟夫·亨利曾对全面开启现代化的 19 世纪作这样的描述：“19 世纪历史的显著特点是，将抽象的理论应用于实用技术，让物质世界的内在力量为智慧所控制，成为文明人的驯服工具。”① 然而，现代性的精神困境，如精神生活的世俗化、物化、工具化、虚无化等也随之而来，这也正是现代性的精神境界追求所要直面的问题。此外，唯物史观把精神生活归为社会的精神现象，主要从人民大众而不是个别人物中探究“历史的真正的最后动力的动力”②。总之，不同于农业时代及其中少数精英的精神追求，唯物史观的精神观照基于大工业时代的实践，且具有世界眼光和人民大众立场。概言之，在传统文化中主要有三种精神境界取向。

其一，以德性修养为支配性的价值取向。中国传统文化的根本就在于强调人的德性修养。作为主流思想的儒家文化，尤其强调以德性觉解和道德理想超越本能与世俗的限制，进而不断提升精神境界。马克思肯定了道德修养在精神生活中的重要地位，认为“道德的基础是人类精神的自律”③。当然，人们总是“从他们进行生产和交换的经济关系中，获得自己的伦理观念”④。中国传统文化之所以推崇道德，与农业时代的血缘依赖、自给自足的自然经济形式、政治需要等分不开。道德是历史的产物，作为社会意识的伦理观念和道德修养，不可能脱离具体的历史条件和社会生活环境。“道德、宗教、形而上学和其他意识形态”无法保留“独立性的外观”，“发展着自己的物质生产和物质交往的人们，在改变自己的这个现实的同时也改变着自己的思维和思维的产物”⑤。社会化的人无论何时都不该无视德性修养。然而，脱离现实生活世界的空洞的道德教化和没

---

① 转引自〔美〕丹尼尔·切特罗姆《传播媒介与美国人的思想》，曹静生等译，中国广播电视出版社，1991，第 2 页。
② 《马克思恩格斯文集》第 4 卷，人民出版社，2009，第 304 页。
③ 《马克思恩格斯全集》第 1 卷，人民出版社，1956，第 15 页。
④ 《马克思恩格斯选集》第 3 卷，人民出版社，2012，第 470 页。
⑤ 《马克思恩格斯文集》第 1 卷，人民出版社，2009，第 525 页。

有实践基础的德性觉解，很难真正发挥引领精神生活的作用。在传统的道德规范受到批判而新的道德标准尚未深入人心之际，德性修养的境界追求尤其容易受到价值相对主义和多元主义的冲击。马克思恩格斯严格限定了不同时代境遇中道德境界的作用，提出了"共产主义者根本不进行任何道德说教""共产主义者不向人们提出道德上的要求"① 等论断，他们追求的是解放全人类、为人民大众谋幸福这个最大最根本的道德。

其二，以空灵逍遥、解脱无执为最高的意义追求。道家强调做世界的旁观者，摆脱外在诸相的束缚以及社会对个人自由的妨碍，防止物滞心染或身心沉沦，追求摄心反观、迥然明觉、致虚无为、澄然清静、凝敛内在生命深度的超越性境界。禅宗的智慧在于破除人们对表象世界及其知识系统的执着，在启发内在的自觉和直悟生命的本真之中返本归极、明心见性，获得精神的解脱和自由。道家和禅宗的精神境界追求，对于应对由于人的生物本能和功名利禄的牵引而引起的精神散乱具有重要作用，对于净化人心和建构精神家园也具有启发意义。然而，从历史唯物主义的维度来看，人的生存和发展、社会生活和精神生活是一体的。这一视角在马克思关于"人与社会"的一系列论断中得以充分呈现，如人的自由发展依赖人与人之间的联系，个人只有在共同体中才能获得全面发展，个体的联合和自由离不开真实的集体这个条件，社会关系决定着一个人能够发展到什么程度，集体的活动和集体的享受是表现自己和确证自己的活动和享受，一个人的全面发展主要涉及他的现实关系和观念关系的全面性，等等。显然，精神存在及其发展问题首先是一个社会问题，应从社会角度去研究，关注精神生活的公共性和社会性向度。历史唯物主义反对脱离社会关系追求个人的逍遥解脱。人的精神生活和精神境界追求也是历史的产物。特定历史时期的环境和条件决定着一个人的意识特殊性和精神空间。人的精神追求"应该是什么""能够怎样""在一定条件下必然成为什么"，是随着时代境

---

① 《马克思恩格斯全集》第 3 卷，人民出版社，1960，第 275 页。

遇而不断变化的。实际上，现实中的绝大多数人，无法长时间脱离或超越社会关系与历史条件而一味追求精神的纯粹、解脱和自由。

其三，以宗教信仰为终极关怀。一提到精神境界问题，西方人往往首先想到宗教。基督教轻视人的肉体满足，贬低世俗生活，将灵魂置于至高无上的地位，主张通过皈依上帝以获得拯救。神学家安瑟尔谟说过，"轻视自己的人，在上帝那里就受到尊重。不顺从自己的人，便顺从了上帝。可见，应当把自己看得很微小，这样，在上帝眼中，你就是大的；因为，你愈是为人间所蔑视，你就愈是得到上帝的珍视"①，他还提出了"我决不是理解了才能信仰，而是信仰了才能理解"②的著名论断。经过宗教改革和启蒙运动的洗礼，基督教与诸多世俗制度逐渐脱离。现代科学进军到哪里，基督教在学术思想领域就从哪里退却。当然，宗教信仰在今天依然可以发挥情感慰藉或终极关怀的作用。从历史唯物主义的视角来看，宗教信仰实际上贬低了人的主体性和创造性。也正因如此，马克思曾称宗教是"无精神活力的制度的精神"③，恩格斯说得更为直接，被压迫者"既然对物质上的解放感到绝望，就去追寻精神上的解放来代替，就去追寻思想上的安慰，以摆脱完全的绝望处境"④。在一个主体性得到凸显的时代，皈依、拯救的境界取向面临理性主宰和精神觉醒的挑战。在马克思看来，作为"那些还没有获得自己或是再度丧失了自己的人的自我意识和自我感觉"⑤的宗教，"颂扬怯懦、自卑、自甘屈辱、顺从驯服"的社会原则，对"勇敢、自尊、自豪感和独立感比面包还要重要"⑥的无产阶级来说，没有什么积极性作用。马克思所追求的是，在把握历史发展趋势的基础之上，依靠主体的能动性建构人的现实性，因此"对宗教的批判使人不抱幻想，使人

① 参见《费尔巴哈哲学著作选集》下卷，荣震华译，商务印书馆，1984，第53页。
② 参见苗力田、李毓章主编《西方哲学史新编》，人民出版社，1990，第163页。
③ 《马克思恩格斯文集》第1卷，人民出版社，2009，第4页。
④ 《马克思恩格斯全集》第19卷，人民出版社，1963，第334页。
⑤ 《马克思恩格斯全集》第1卷，人民出版社，1956，第452页。
⑥ 《马克思恩格斯全集》第4卷，人民出版社，1958，第218页。

能够作为不抱幻想而具有理智的人来思考，来行动，来建立自己的现实；使他能够围绕着自身和自己现实的太阳转动"①。

第二节　历史唯物主义的整体性架构与
现代西方文化的精神境界追求

现代化的进程，既是物质文明加速发展的过程，也是精神意义相对失落的过程。传统的宗教信仰和道德教化逐渐失去在精神文化领域的支配性地位，退却为情感慰藉、规范意识或偶尔泛起的敬畏感。现代科学技术架构和合理化的制度体系，与新型意识形态携手并进，越来越深入地内嵌到现代人的精神世界和心灵生活。伴随着现代化进程，人们的生活水平会不断提高，发展会更加自由全面，人们的精神生活与幸福指数也自然会提高，这个假设已经被现实击得粉碎。现代化在今天的发展造成的一个重大后果就是，人的精神世界一定程度上出现了意义失落、精神贬值、价值迷茫、理想缺失和虚无侵袭等诸多问题。

现代化进程中精神维度出现的问题，自然为现代人所普遍关注，特别是引起了思想文化界的反思和批判。现代西方文化提出了一系列的诊治方案：尼采追求以权力意志为塑造力量进而重估一切价值；存在主义提倡个人主义的情绪体验、自由抉择和自我造就，以海德格尔和萨特为代表；追求高技术与高情感的平衡，通过建立现代心理基础与现代人格以适应现代技术工艺与管理制度，以奈斯比特和英格尔斯为代表；激发内在参照系统形成的自我反思性进而建立自我认同的长效机制，以吉登斯为代表；马克斯·韦伯期待恢复价值理性以抵御工具理性和目的理性的无所不在；哈贝马斯则提出重新确立以主体交往为手段、以主体间的理解为目的的沟通理性（communicative rationality）；把欲望的运动从等级体系社会所强加的形式中解放出来，形成不同于"精神分析"的"精神分裂分析"，以德

---

① 《马克思恩格斯文集》第 1 卷，人民出版社，2009，第 4 页。

勒兹为代表；等等。这些探索既引起了人们对现代性精神批判的重视，也揭示了人们对多样性的现代生活意义的追寻。然而，在"批判"鞭辟入里、"推陈"基本完成的同时，依然存在缺乏共识性"建构"成果、"出新"任重道远等问题。其中一个重要原因，恐怕还是由于缺少一个整体性的分析框架。与现代西方文化批判中的境界追求相比，历史唯物主义注重以实践活动为基础，把人的价值实现和精神提升放置于现实生活世界及其历史发展过程之中。与注重某一精神维度的现代性文化建构相比，历史唯物主义可以提供一个分析和研判精神问题的整体性框架。

谈到历史唯物主义的理论架构，以实践为基石、生产关系居于关键位置、物质生活决定精神生活等已经成为基本共识。实际上，马克思在把精神存在及其发展牢固地置于实践基础之上，并在具体的社会历史过程中考察精神力量及其实现的同时，不是简单地陈述客观存在和主观存在之间的决定性与反作用关系，其还具体区分了精神的不同层次及其与现实存在的多重关联。马克思对于内在精神世界的有关论述，至少包含四个层次。第一层次，感觉、意识、观念、思维等感性因素和认知性因素，适应于实践活动与现实世界及其历史发展。《德意志意识形态》中有大量相关论述。第二层次，情感、目的、意志、觉悟等动力性精神因素，具有明显的相对独立性与反作用，彰显着人的尊严和主体性地位。《1844年经济学哲学手稿》中有一系列论断。第三层次，对象性的存在与人的内在本质力量互相依存。在透视"对象性的存在"和"对象性活动"的过程中，马克思深入揭示了对象和人的本质力量之间的关联及其转化①。第四层次，"最高的精神生产"和"自由的精神生产"②与物质生产的不平衡性原理及其决定性作用。

一旦深入马克思对外在世界与内在精神结构及其关联的整体性研究，我们就会发现，马尔库塞和弗洛姆等所谓用弗洛伊德主义对

---

① 参见《马克思恩格斯文集》第1卷，人民出版社，2009，第209页。
② 《马克思恩格斯全集》第26卷第1册，人民出版社，1972，第298、296页。

马克思主义的"补充"或"结合"，并不能说是一种完全创新性的添加，而可以认为是某种"延伸"或"细化"。在马尔库塞看来，发达工业社会制造虚假的需求，压抑了人的情感需要与发展潜能。技术理性与异化劳动不仅消解了人的批判理性，而且渗透到人的本能欲望之中。现代人成为"单向度的人"。如何摆脱此精神困境？马尔库塞提出，"幸福的实质就是自由"，"自由的原型就是欲望压制的解除"①，其进而以"爱欲的解放"作为诊治药方。马尔库塞认为爱欲就是"人强烈追求自己对象的本质理想"，"人通过自己的劳动，既在劳动成果中满足了自己对客观的情欲对象的追求，又把劳动成果作为人的现实，在现实中实现了他自身"②。这种爱欲观显然受到马克思劳动观的影响。如果说马克思认为人的本质是劳动，因此人的解放主要就是劳动的解放，那么在马尔库塞那里，人的本质就是爱欲，劳动的解放也就是爱欲的解放。实际上，关于与"欲望"紧密相关的"需要"和"利益"等问题，马克思有一系列重要论述，而且注重改造现实资本主义制度的实践取向，可以为解放绝大多数人的欲望提供强有力的支撑。

在弗洛姆那里，以获取利润为原则的西方工业社会的社会性格主要是重占有，即人的生活中心就是对金钱和名利的追求。其中以"人格"为商品、以赢得众人喜欢为目的的"商品销售型性格"就是典型。能够突破重占有的社会性格的，是强调寻求"超越"和"关联"的重生存取向。人的真正的自我，应是以心理和情感的力量，突破与他人的隔绝式屏障，追寻与创造新的世界。"不是那种外在的、身体的活动，不是忙忙碌碌，而是内心的活动，是创造性地运用人的力量"，"要自我更新，要成长，要饱满涌流，要爱、超越

①　Herbert Marcuse, *Erosand Civilization: A Philosophical Inquiry into Freud*, Boston: Beacon Press, 1962, p. 17.

②　〔美〕马尔库塞：《爱欲与文明》，黄勇、薛民译，上海译文出版社，1987，第17、155页。

鼓励的自我的性格、有兴趣、去倾听和去贡献"①，这就是弗洛姆所追求的具有"创发性性格"的现代精神境界。结合马克思关于人的主体性与能动性、关于人的"本质力量"、关于"最高的精神生产"和"自由的精神生产"等的重要论述，事实上弗洛姆的精神追求，并没有溢出马克思的理论视界，可以说是对马克思有关思想的发挥和系统化。

第三节　在"现代化·欲望·精神"的关联中探寻现代性的精神境界

　　唯物史观所批判的是唯心史观，而不是追求"无心史观"。不能因为马克思的科学精神及对资本主义生产方式的严格分析，就遗忘了他的道德理想和对人的自我实现的热情。当现代化进程中的个人主义、物化、工具理性主义、功利主义等严重冲击人的精神生活时，我们既有必要也有可能沿着马克思开辟的哲学道路，去深入思考"马克思的'历史唯物主义'的真正力量和独创性，是怎样照亮现代精神生活的"②。人是自然、社会、文化和历史的综合产物，具有自然性、社会性和精神性相统一的特征。人的物质生活和精神生活具有整体性，因而不能单靠个人的冥思苦想或玄妙体验来提升精神境界。人的精神境界，不是通过逻辑严谨的科学之思就能提升的，也不是凭借理想范式推演所能建构出来的，它不能脱离人的实践活动、生存方式和社会关联。不存在超越时空的所谓纯粹精神，现代性的精神存在实际上是现代化进程中的构成物。现代人的精神境界，既不能盲目超越现代性的时代境遇，又不能完全拘于既有经验和现实环境，它应该是内化和外化的综合、适应性和超越性的统一。

---

① 〔美〕埃里希·弗洛姆：《占有还是生存》，关山译，生活·读书·新知三联书店，1989，第177页。

② 〔美〕马歇尔·伯曼：《一切坚固的东西都烟消云散了：现代性体验》，徐大建、张辑译，商务印书馆，2013，第113页。

理性审视精神存在与西方现代化进程的关系，其主要经历了三个阶段。在现代化的早期阶段，随着主体性力量的日益彰显，观念化、理想化、创造性的精神迎来觉醒，逐渐从传统的宗教信仰和道德束缚中抽身而出，成为时代的"新主人"。一切现实存在都被纳入观念秩序之中，理性精神雄心勃勃地为自然立法并自觉建构社会理想。在现代化的中期阶段，充裕的物质生活和膨胀的欲望并存，精神的理想并没有得以实现。价值理性日益蜕变为目的理性，工具理性开始主宰价值世界，精神存在不得不退守至存在主义式的个人化、差异性和情绪化体验中，精神走向了沉沦。在现代化的晚期阶段，文化唯物主义凸显，精神日益碎片化、物性化和虚无化，后现代主义甚至开始追求精神存在与现实的"零距离化"。在历史唯物主义视域中，反对精神理想化或碎片化，注重精神境遇化，建构与现代化合力共振、交相辉映的精神境界，是一种应然的文化理想。

依据历史唯物主义的"历史性"和"整体性"，可以把现代性的精神境界建构问题，放置到"现代化·欲望·精神"及其关联之中进行研究。在人的内在世界中，欲望与精神①是一对基本的矛盾关系，也成为推动精神发展的内在动力。在马克思恩格斯探索现实的人及其解放和发展的历程中，"欲望"处于不可或缺的位置。马克思曾经指出，"任何人如果不同时为了自己的某种需要和为了这种需要的器官而做事，他就什么也不能做"②。也就是说，离开欲望，无法谈及人的生存和发展。恩格斯也批判过资本主义不能满足多数人"追求幸福的欲望"③。"精神"在马克思的思想深处居于价值系统的高处。马克思认为，自由不仅是"人类精神的特权"④，而且是"全部精神存在的类的本质"⑤。这种真正的精神自由的实现，依赖"以

① 这里使用的"精神"概念，主要指涉人的内在世界除生物性和本能性的"欲望"之外的情感、认知、评价、道德、意志、信仰等维度。
② 《马克思恩格斯全集》第3卷，人民出版社，1960，第286页。
③ 《马克思恩格斯文集》第4卷，人民出版社，2009，第292页。
④ 《马克思恩格斯全集》第1卷，人民出版社，1956，第63页。
⑤ 《马克思恩格斯全集》第1卷，人民出版社，1956，第67页。

财富为唯一的最终目的的那个历程的终结"①，"自由王国"甚至只能存在于"物质生产领域的彼岸"②，而"个人全面发展和他们共同的、社会的生产能力成为从属于他们的社会财富"③ 是基本的条件。对于欲望与精神之间的关系，马克思恩格斯曾经批判康德"把这个善良意志的实现以及它与个人的需要和欲望之间的协调都推到彼岸世界"④。显然，在历史唯物主义视域中，精神自由作为高层次的价值取向，具有超越性，但其实现离不开欲望满足这一前提性条件。欲望和精神最终汇聚在现代化实践中，这既让心灵获得了"实现"，又增加了现代化的生机和灵性。在把"思维与存在的关系"作为哲学的基本问题，把"生产力与生产关系""经济基础与上层建筑"作为人类社会历史领域基本矛盾的基础上，进一步建构"欲望与精神的关系"，作为人的内在世界的基本问题，或许是一个值得探索的历史唯物主义研究进路。

欲望是人的内在世界重要的动力源，也是人类取得物质文明成就的推动力。欲望在人的经济活动和政治活动中都占有重要位置，经济研究首先要有"理性人的假设"，政治研究离不开"承认的需要"。在黑格尔看来，即使贪欲也"有内在的根源，是一种普遍的东西"，"贪欲的乐趣既不会随同寻乐工具的消逝而消逝，也不会因戒绝了个别欲求而消逝"⑤。欲望不断膨胀，伴随着整个现代化进程。"欲望主宰"境界，成为一些现代人自觉或不自觉的精神生活状态。在此境界中，人一味追求生物本性和生理需要的满足，其他精神因素仍然存在和发挥作用，但皆处于附属或被控制地位。同时，感性至上、功利标准、丛林法则等成为基本的价值导向，而以我的需要为主、以"非我"为客和以占有为目的，相应成为重要的生活追求。

---

① 《马克思恩格斯全集》第 45 卷，人民出版社，1985，第 398 页。
② 《马克思恩格斯文集》第 7 卷，人民出版社，2009，第 928 页。
③ 《马克思恩格斯文集》第 8 卷，人民出版社，2009，第 52 页。
④ 《马克思恩格斯全集》第 3 卷，人民出版社，1960，第 212 页。
⑤ 〔德〕黑格尔：《精神现象学》（下），贺麟、王玖兴译，商务印书馆，1979，第 104 页。

然而，当一个人把主要的甚至全部精力都放到物性需要的开发和满足上时，用于创造和满足情感、认知、价值、道德和信仰等精神需求的动力和精力就容易弱化甚至衰竭。人显然都有一定的欲望追求，并需要遵循相应的自然规律和社会规范，但这绝不意味着退化为机械式存在，若成为欲望的奴隶，就谈不上所谓的自由全面。在资本主义现代化进程中，马克思用"人是消费和生产的机器"①，"一种纯粹动物式的意识"② 等论断揭示了这种境界或状态的局限性。此外，马克思恩格斯还对日益突出且缺乏有效制约的感性至上原则和膨胀的欲望，进行了无情的批判。马克思提出，"最彻底地取消任何个人自由，而使个性完全屈从于这样的社会条件，这些社会条件采取物的权力的形式，而且是极其强大的物"③。恩格斯认为，"丑恶的物质享受提到了至高无上的地位，毁掉了一切精神内容"④，"在这种贪得无厌和利欲熏心的情况下，人的心灵的任何活动都不可能是清白的"⑤。

精神是人的生活不可或缺的一部分，也是内在世界的基本动力和平衡力量。从外在诸种控制和内在情欲束缚中解放出来，求得精神自由，是人的发展应有的超越性追求。人们遭遇诸种坎坷时，也要靠一些精神资源的支持才能有效化解而不致陷入崩溃境地。重视宽阔平和的胸襟、愉悦的情感、有涵养的德性，是具有一定积极意义的精神状态。同"欲望主宰"境界相对，一些现代人追求"精神至上"境界。当然这里的"精神至上"绝不是历史唯心主义，而是在内在世界范围内强调精神的主导作用。在此境界中，一切围绕精神需要，欲望不会消失，但处于附属或被控制地位，即在满足基本物欲之上，热衷于涵养气象、丰富情怀、提升格局等精神上的升华和满足。传统的文化理想把道德或信仰置于极高位置，就属于重视

① 《马克思恩格斯全集》第 42 卷，人民出版社，1979，第 72 页。
② 《马克思恩格斯选集》第 1 卷，人民出版社，2012，第 161 页。
③ 《马克思恩格斯全集》第 46 卷（下），人民出版社，1980，第 161 页。
④ 《马克思恩格斯全集》第 1 卷，人民出版社，1956，第 636 页。
⑤ 《马克思恩格斯全集》第 2 卷，人民出版社，1957，第 564 页。

精神追求的典型表现。然而，精神追求太高，就容易太空。人应该有精神性的向往和追求，但绝不能陷入某些抽象的、无根的玄想。人不是纯粹的精神性存在，如果人的生命活动被完全归结为精神生活，那就等于让人受制于纯粹精神目标的束缚。中国传统文化的精神追求以及西方传统形而上学的精神理想，就存在这样的局限性。物质匮乏的传统时代，人们更容易强调精神追求，但其往往只是少数精英的文化理想。如宋明理学所主张的"存天理，灭人欲"，就主要是针对作为未来的政治社会领袖的士大夫而言的，自然无法转化为一般百姓的生活追求。"精神至上"境界，一定程度上没有跟上现代化的历史转型，也没有深入现代性的社会现实，而且往往因为缺乏对科学精神的尊崇，而难以有效助推以现代科技为重要支撑的现代化。对一个人而言，这种境界或状态往往短时期内有效。如果人人都沉醉于这样的精神追求，社会历史发展恐怕会难以为继。显然，这也有悖于历史唯物主义所秉持的把握社会历史发展趋势和服务于人民群众的利益等基本理念。对此，马克思说得很清楚，"人们每次都不是在他们关于人的理想所决定和所容许的范围之内，而是在现有的生产力所决定和所容许的范围之内取得自由的"①，"社会关系实际上决定着一个人能够发展到什么程度"②。

在内在世界中，欲望与精神是共生、共在的，这是其本然状态。无论是沉浸在欲望之中的"无精神性"，还是彻底摆脱欲望束缚的"精神性"，显然都是片面的。我们既要反对"精神不在场"，也不赞成"欲望不在场"。离开欲望，只讲道义，无法对人的生存方式及精神状态进行科学分析，只能是空想社会主义式的批判。马克思恩格斯说过："全部人类历史的第一个前提无疑是有生命的个人的存在。因此，第一个需要确认的事实就是这些个人的肉体组织以及由此产生的个人对其他自然的关系。"③ 离开精神，人的自我实现和自

① 《马克思恩格斯全集》第 3 卷，人民出版社，1960，第 507 页。
② 《马克思恩格斯全集》第 3 卷，人民出版社，1960，第 295 页。
③ 《马克思恩格斯文集》第 1 卷，人民出版社，2009，第 519 页。

由发展也无从谈起。马克思积极追求精神的实现，"一个本身自由的理论精神变成实践的力量，并且作为一种意志走出阿门塞斯的阴影王国，转而面向那存在于理论精神之外的世俗的现实"①。在马克思恩格斯那里，对于人的发展而言，欲望和精神都是不可或缺的维度。马克思曾经指出："人双重地存在着：从主体上说作为他自身而存在着，从客体上说又存在于自己生存的这些自然无机条件之中。"② 马克思恩格斯还认为，"共产主义者既不拿利己主义来反对自我牺牲，也不拿自我牺牲来反对利己主义"，"无论利己主义还是自我牺牲，都是一定条件下个人自我实现的一种必要形式"。反之，"如果这个人的生活条件使他只能牺牲其他一切特性而单方面地发展某一特性，如果生活条件只提供给他发展这一种特性的材料和时间，那末这个人就不能超出单方面的、畸形的发展"③。历史唯物主义基于欲望与精神的同生共在，追求以劳动时间作为财富的尺度和以自由时间作为财富的尺度的统一。

　　面对现代性的精神困境与意义危机，历史唯物主义既反对"恢复传统"，也不赞成"解构现代"。在"欲望主宰"和"精神至上"的两极张力之间寻求动态的平衡，实现欲望与精神的"协和"，是一种应然的文化理想。这种"协和"，对于现代化实践而言，是寻求一种能够与之良性互动的适应性、批判性和超越性相统一的精神状态；对于内在世界而言，是要在欲望合宜性与精神合宜性之间视各种情况的先决条件而加以权衡，以取得两者间充满着张力的平衡。也可以说，寻求欲望力和精神力的合力，进而与存在于现代化深处的科学精神有效互动。欲望力在现代社会已经足够强大，但精神力不足，会制约欲望力的充分释放和合理发挥。没有精神力的引导，欲望力容易偏离理性的轨道；而没有欲望力的牵引，精神力的发挥也容易走空。当然，顺着欲望走，比顺着精神走要容易得多。精神境界的

---

① 《马克思恩格斯全集》第 40 卷，人民出版社，1982，第 258 页。
② 《马克思恩格斯文集》第 8 卷，人民出版社，2009，第 142 页。
③ 《马克思恩格斯全集》第 3 卷，人民出版社，1960，第 275、295~296 页。

智慧，实际上就在于如何把控欲望。传统文化或者注重道德修养①，通过平衡人与人之间的利益诉求以制约个人欲望，或者诉诸宗教信仰，在此岸和彼岸之间调整欲望。在现代生活中，传统的道德修养和宗教信仰，也可以转化为情感和敬畏感而发挥制衡欲望和实现精神解放的作用。黑格尔说过："审美带有令人解放的性质。"② 敬畏感同样可以提升人的类似于宗教信仰的庄严的精神修养。如果人处在"不自觉而又没有信仰的状态，精神上会感到空虚，他对真理、理性和大自然必然感到失望"③。当然，那种极力贬低欲望，认为精神因素越多品位就越高的看法，也缺乏合理性和时代感。实际上，孔子追求的"从心所欲，不逾矩"的境界，就是一种欲望和精神相协调的理想状态。荀子在《乐论》中说："以道制欲，则乐而不乱；以欲忘道，则惑而不乐。"这也是在探寻如何制约欲望以与精神达成平衡。此外，一些学者提出的精神境界的最高层次，如冯友兰的"天地境界"、张世英的"审美的境界"，也都蕴含着对欲望与精神之协和共处的追求。

---

① 中国传统文化以血缘为道德的根据；西方传统文化则以宗教为道德的根源，上帝成为道德戒律的颁布者。
② 〔德〕黑格尔：《美学》第 1 卷，朱光潜译，商务印书馆，1979，第 147 页。
③ 《马克思恩格斯全集》第 1 卷，人民出版社，1956，第 648 页。

第三章　马克思主义基本原理与中华优秀传统文化相结合视域中的"精神"研究

　　面对现代性的精神困境，马克思主义基本原理和中华优秀传统文化在思想空间和话语体系中彼此激活与启发，催生出中国理论在精神文化领域的主张和优势。在精神本质问题上，二者把"主宰"与"受动"有机统一起来，既肯定具体过程中精神文化的"能动性"，又坚持实践活动中精神世界归根到底的"受动性"；在精神结构问题上，二者把以实践为基石的历史唯物主义框架中精神结构的三个层次与对精神的整体性把握结合起来，实现精神整体性之中的结构分析和层次推演与精神结构性之上的整体把握和总体体验之间的协调统一；在精神发展问题上，马克思主义基本原理关于精神解放和中华优秀传统文化关于精神修养的发展路向，在总体上指向主客统一或天人合一的价值追求；在精神境界问题上，二者从"实践·需要·精神"的结构框架出发，通过内向超越走向天人合一与在实践创造中实现共产主义是可以相互包容的，同时也是相互需要的。

　　在现代物质文明的"高楼大厦"之下，当代人的精神世界和精神生活出现了意义失落、精神贬值、价值迷茫、理想缺失等诸多问题。在"心理·语言·行为"的基本框架中对一些精神因素进行科学实验和实证分析的现代心理学研究，在一定程度上，对于破解现代性的精神难题无能为力。当我们把目光投向精神理论时会发现，从康德、黑格尔到胡塞尔、海德格尔，西方学者"生产"出了一系列理论成果。在研究"如何走出现代性的精神困境"这个时代难题中，中国学者能否有自己独立的学术主张和实践追求？

挖掘马克思主义基本原理和中华优秀传统文化的相关思想资源，推动彼此在思想空间和话语体系中相互激活与启发，进而催生出相结合的理论果实，或许可以成为当代中国学者的学术优势。以现实的人的解放和自由全面发展为主题的马克思主义，有着丰富的关于精神的本质、结构和发展的思想资源与理论财富。"马克思的'历史唯物主义'的真正力量和独创性，是怎样照亮现代精神生活的"①，是一个值得深入挖掘的时代课题。与之比肩辉映的是，中华优秀传统文化内蕴着丰富的关于"内圣"的体验和智慧——注重心性修养与精神境界提高，这些智慧既贯穿于中华优秀传统文化的整个发展过程，又具有生机活力和现实意义，体现着中华优秀传统文化的精神标识和独特价值。然而，如果不把精神问题放在以实践为基石的唯物史观的整体性框架中，那就容易忽视实践性、总体性和辩证法而片面拔高精神的地位或者迷失于精神世界的自我陶醉中。为此，素来重视德性和境界提升的中华优秀传统文化需要更多浸润历史唯物主义一以贯之的科学精神。中华优秀传统文化内蕴的注重心性修养和精神境界提高的智慧，在一定意义上，能够丰富唯物史观中关于人的解放的基本理论。为此，马克思主义基本原理也应该更多关注认识主体和实践主体的内在修养与精神格局。从总体上来看，马克思主义追求的人与自然、人与人以及人与社会之间的矛盾真正得以解决的共产主义理想，与中华优秀传统文化追求的天人合一境界，既彼此契合又相互成就，共同昭示着人类精神生活的理想图景。

---

① 〔美〕马歇尔·伯曼：《一切坚固的东西都烟消云散了：现代性体验》，徐大建、张辑译，商务印书馆，2013，第113页。

第一节　主宰与受动相辅相成的精神本质论

如何把握在日常生活和学术研究中常见的"精神"？总体而言，人们对于"精神"的理解集中于，它是与外在世界相对应的内在世界和心灵生活，标识着人的自由自觉性、主观能动性、无限超越性，以及充沛的生机活力。在广义上，精神和意识相当；在狭义上，精神凝聚为心灵深处"求真、向善、爱美"的追求，主要体现为有限与无限、限制与自由、现实与理想、实然与应然、暂时与永恒、认知与智慧、思辨与生存、理性与激情等的综合——既在前者（有限、限制……理性）的制约中走向后者（无限、自由……激情），又在向往后者时不脱离前者。

在中国传统文化中，能够替代"精神"而被更广泛使用的概念是"心"。与天地间的其他事物相比，心是一个主宰性的存在。从孟子的"尽心知性知天""万物皆备于我"，到陆九渊的"宇宙便是吾心，吾心即是宇宙"，最为虚明灵觉之"心"，始终承载着天地间万事万物的中心点。这个中心点不仅是无所不包和无所不通的绝对主体，而且成为主宰一切的最高存在。张载有言："故天地之塞，吾其体；天地之帅，吾其性。"①"帅"即主宰之意。宋儒一般以"性"为"心之体"，在这个意义上，心性互通，由此作为天地主宰的吾性可以理解为吾心。朱熹和王阳明都曾明确提出，心是天地万物的主宰。在"身之主宰便是心"②"就其主宰处说，便谓之心"③等论断中，王阳明直接把"主宰"作为"心"之本质功用。在中国传统哲学思想中，"心"既是宇宙万物的主宰，又是人自身的主宰，儒家文化极为注重能够摆脱自然因果性之道德主体或道德自我的主宰地位。注重心的独立、能动与转化，对于提高人的自觉性、主动性有着永

---

① （宋）张载：《张载集》，中华书局，1978，第62页。
② （明）王阳明：《传习录》，叶圣陶点校，北京联合出版公司，2018，第12页。
③ （明）王阳明：《传习录》，叶圣陶点校，北京联合出版公司，2018，第88页。

恒价值和积极意义。徐梵澄在其精神理论研究中，生动诠释了"心灵"或"精神"的地位："而人，在生命之外，还有思想，即思维心，还有情感，即情感心或情命体。基本还有凡此所附丽的身体。但在最内中深处，还有一核心，通常称之曰心灵或性灵。是这些，哲学上乃统称之曰'精神'。但这还是就人生而说，它虽觉似是抽象，然是一真实体，在形而上学中，应当说精神是超乎宇宙为至上为不可思议又在宇宙内为最基本而可证会的一存在。研究这主题之学，方称精神理论。"①

与中国传统文化对"心"的高扬类似，在马克思的早期思想中，"精神"是得到充分肯定的。作为"世界上最丰富的东西"②，"勇敢的自由的精神"③ 的实质是"真理"④ 和"自由"⑤，主要表现形式是"欢乐、光明"⑥。在以实践为基石的历史唯物主义论域中，"精神"作为一个受动性存在，被合理地安置于"关于现实的人及其历史发展的科学"⑦ 之中。在实践过程中，"'精神'从一开始就很倒霉，受到物质的'纠缠'"⑧，"物质生活的生产方式制约着整个社会生活、政治生活和精神生活的过程"⑨。尤其在认识过程中，作为现实关系及其历史的产物，人的感觉、意识、观念、思维及其所运用的"范畴"等"精神上的现实丰富性"，取决于"现实关系的丰富性"⑩。人的内在世界映照着现实，呈现出明显的被决定性。当然，"精神"不是机械地受制于自然存在和社会现实，而主要是受到鲜活而具体的实践活动的制约。这体现在马克思的一系列相关论述中，如人是一个受动的存在物，自然存在是人的精神的无机界，社

---

① 徐梵澄:《陆王学述——一系精神理论》，上海远东出版社，1994，第 13 页。
② 《马克思恩格斯全集》第 1 卷，人民出版社，1956，第 7 页。
③ 《马克思恩格斯全集》第 40 卷，人民出版社，1982，第 112 页。
④ 《马克思恩格斯全集》第 1 卷，人民出版社，1956，第 7 页。
⑤ 《马克思恩格斯全集》第 1 卷，人民出版社，1956，第 67 页。
⑥ 《马克思恩格斯全集》第 1 卷，人民出版社，1956，第 7 页。
⑦ 《马克思恩格斯文集》第 4 卷，人民出版社，2009，第 295 页。
⑧ 《马克思恩格斯选集》第 1 卷，人民出版社，2012，第 161 页。
⑨ 《马克思恩格斯选集》第 2 卷，人民出版社，2012，第 2 页。
⑩ 《马克思恩格斯文集》第 1 卷，人民出版社，2009，第 541 页。

会创造着具有丰富的、全面而深刻的感觉的人，意识的一切形式和产物的改变都离不开现实的社会关系的改造，思维是人们物质关系的直接产物，范畴是社会关系的抽象的观念的表现和历史的暂时的产物，等等。在阐明精神受动性的同时，马克思还高度肯定了精神的重要性，既明确要求"工人必须有时间满足精神需要"①，又揭示"选举促进了精神力量的觉醒"②，并深入阐释和系统论证"物质暴力对精神力量的迫不得已的重视"③。实际上，从青年时期开始思考"精神原则和肉体原则"④ 的关系问题，到《资本论》时期探索从"必然王国"到"自由王国"⑤ 的飞跃，马克思一以贯之地关注着人的解放及其自由全面发展中的精神维度。

比较而言，马克思主义基本原理尽管强调人的能动性和受动性的统一，并充分肯定了社会历史发展过程中精神因素的动力作用，但其主要还是在以实践为基石的历史唯物主义框架中界定了精神世界的被制约性。与之有所不同的是，中华优秀传统文化虽然提倡"心物一体""情景交融"等，但是集中阐释了"心之本质即为主宰"。总而言之，马克思主义基本原理和中华优秀传统文化对于精神本质及其地位的认识，既有契合之处，又相互补充。从"主宰"看精神的本质，有利于否定外在束缚和打破一切执着，并在破除传统和现实的权威之中，真正挺立人的自由、尊严和价值。然而，这容易滋生建立和虚构"自我"的中心权威与无限力量，进而为内在主体性所束缚，陷入主观主义的泥淖，否定任何外在的科学标准和客观有效性。从"受动"把握精神的本质，在一定程度上可以有效避免上述问题，却可能会导致贬低人的主体性和自觉性。在马克思主义基本原理和中华优秀传统文化相结合的视域下，把"主宰"与"受动"有机统一起来，相辅相成地阐释精神的本质，既肯定具体过

---

① 《马克思恩格斯文集》第 5 卷，人民出版社，2009，第 269 页。
② 《马克思恩格斯全集》第 16 卷，人民出版社，1964，第 424 页。
③ 《马克思恩格斯全集》第 18 卷，人民出版社，1964，第 147 页。
④ 《马克思恩格斯全集》第 40 卷，人民出版社，1982，第 5 页。
⑤ 《马克思恩格斯文集》第 7 卷，人民出版社，2009，第 929 页。

程中精神文化的"能动性",又坚持实践活动中精神世界归根到底的"受动性",是一个现实且合理的研究理路。

第二节 整体性与层次性协调统一的精神结构论

在中国传统文化中,作为一个包括知情意等意识活动和精神现象在内的综合概念,"心"是兼具体与用、形上与形下的无所不包、无所不在的整体性存在。这尤为鲜明地体现于宋儒常言的"心统性情"中。程颐说过:"心一也,有指体而言者,有指用而言者。"①对一些精神要素,如性与习、性与情、性与才、意与志、情与欲、见闻与思虑等之间的关系,中国传统思想家们进行过分析。当然,中国传统思想家们不像西方哲学家们那样善于把"心"拆分为各个部分或不同方面进行所谓的结构分析和逻辑推演。

值得进一步指出的是,在整体性把握的基础上,中国传统哲学从形上与形下、体与用等层面对"心"作了一些功能性的区分,如孟子的"本心"与"欲心"、庄子的"真心"与"成心"、佛教的"清净心"、"自然心"与"染心"、理学家的"道心"与"人心",等等。需要注意的是,这里的区分不是平列的、横向的,而是上下的、纵向的,实际上"统是一心"。例如,作为道德之心的"道心"就存在于作为欲望之心的"人心"之中,其他区分也是如此。对于中国传统哲学把握"心"的方式,蒙培元曾经说过:"心体本来是'浑然一体'的存在,不能分主客、内外,如果要分主客、内外,反而破坏了它的普遍绝对性和整体性。这是中国哲学的基本特点"②。中国传统哲学对于"心"的这种研究方式,就形上之域而言,是要为人的精神追求和生命意义提供根据;就形下之域而言,则是要通过精神修养的方式方法,将精神追求和生命意义落实到人的现实精神生活之中。

---

① (宋)程颢、程颐:《二程集》,王孝鱼点校,中华书局,1981,第609页。
② 蒙培元:《心灵超越与境界》,人民出版社,1998,第297页。

与之有所不同的是，西方精神理论注重对精神世界的结构分析。比较典型的有：依据对精神存在的观察和研究，柏拉图指出了理智、情感、欲望的精神结构；依据对精神能力的逻辑分析，康德划分了知、情、意的精神结构；依据对精神外化及其回归的过程分析，黑格尔提出了主观精神、客观精神和绝对精神的分析框架。在注重改变世界的实践视野和历史唯物主义的整体性框架之中，马克思提出精神"用它所专有的方式掌握世界"①，并具体划分了精神结构的三个不同层次。

居于第一层次的是感觉、意识、观念、思维及其载体"范畴"等受动性因素。人的感觉和意识同"人的本质和自然界的本质的全部丰富性"②相适应。自然存在物"是人的意识的一部分，是人的精神的无机界"③，而社会"创造着具有丰富的、全面而深刻的感觉的人"④。对于观念和思维而言，思维"是人们物质关系的直接产物"⑤，并随着现实的改变而改变，因此"不是从观念出发来解释实践，而是从物质实践出发来解释各种观念形态"⑥。人们所创设和运用的范畴主要是"社会关系的抽象的、观念的表现"和"历史的和暂时的产物"。⑦

居于第二层次的是情感、目的、意志、觉悟等能动性因素。情感成为一种本质性力量，"激情、热情是人强烈追求自己的对象的本质力量"⑧。目的之重要作用体现在社会历史和人的劳动过程之中。"历史不过是追求着自己目的的人的活动而已"⑨，而劳动者主要"在自然物中实现自己的目的"⑩，并且这个目的"是作为规律决定

---

① 《马克思恩格斯选集》第2卷，人民出版社，2012，第701页。
② 《马克思恩格斯文集》第1卷，人民出版社，2009，第192页。
③ 《马克思恩格斯文集》第1卷，人民出版社，2009，第161页。
④ 《马克思恩格斯文集》第1卷，人民出版社，2009，第192页。
⑤ 《马克思恩格斯全集》第3卷，人民出版社，1960，第29页。
⑥ 《马克思恩格斯选集》第1卷，人民出版社，2012，第172页。
⑦ 参见《马克思恩格斯全集》第27卷，人民出版社，1972，第484页。
⑧ 《马克思恩格斯全集》第42卷，人民出版社，1979，第169页。
⑨ 《马克思恩格斯文集》第1卷，人民出版社，2009，第295页。
⑩ 《马克思恩格斯全集》第23卷，人民出版社，1972，第202页。

着他的活动的方式和方法的"①。意志和生产劳动紧密相关。"除了从事劳动的那些器官紧张之外，在整个劳动时间内还需要有作为注意力表现出来的有目的的意志，而且，劳动的内容及其方式和方法越是不能吸引劳动者，劳动者越是不能把劳动当作他自己体力和智力的活动来享受，就越需要这种意志。"② 觉悟关联着共产主义意识的产生和共产主义的实现。无产阶级中"产生出必须实行彻底革命的意识，即共产主义的意识"③。基于这种意识的共产主义觉悟是"资本主义生产方式的产物"④，也是"为这种生产方式送葬的丧钟"⑤。

居于第三层次的主要是"最高的精神生产"和"自由的精神生产"等超越性因素。精神生产既和物质生产紧密关联又具有一定的相对独立性。在批判沉迷于物质财富占有的资产者和"以物质生产为中心，以精神生产为依附"的古典政治经济学时，马克思提出"最高的精神生产"这一论断，用以标识精神生产的某种最高价值。"连最高的精神生产，也只是由于被描绘为、被错误地解释为物质财富的直接生产者，才得到承认，在资产者眼中才成为可以原谅的。"⑥马克思明确区分了遮蔽物质利益的具有一定虚假性的意识形态生产和自由的精神生产，并且具体分析了"一定社会形态下自由的精神生产"⑦。此外，马克思还用"社会的物质生产和精神生产的物质变换"⑧ 的经典论断，揭示了一定层次上精神生产与物质生产之间辩证的互动关系。

整体与结构本来就是密不可分的，结构与层次也往往是相互关联的。在马克思主义基本原理和中华优秀传统文化相结合的研究视角中，基于精神整体性中的结构分析和层次推演，我们能够展开对

---

① 《马克思恩格斯全集》第 23 卷，人民出版社，1972，第 202 页。
② 《马克思恩格斯全集》第 23 卷，人民出版社，1972，第 202 页。
③ 《马克思恩格斯选集》第 1 卷，人民出版社，2012，第 170 页。
④ 《马克思恩格斯全集》第 48 卷，人民出版社，1985，第 100 页。
⑤ 《马克思恩格斯全集》第 48 卷，人民出版社，1985，第 100 页。
⑥ 《马克思恩格斯全集》第 26 卷第 1 册，人民出版社，1972，第 298 页。
⑦ 《马克思恩格斯全集》第 26 卷第 1 册，人民出版社，1972，第 296 页。
⑧ 《马克思恩格斯全集》第 44 卷，人民出版社，1982，第 162 页。

诸多精神因素及其关联互动的细致研究，进而不断走向精神世界的深处；基于精神结构性之上的整体把握和总体体验，我们能够掌握内在精神世界的综合运行、功能地位及其与外在世界的循环，进而不断开拓精神生活在现实生活世界之中的领地并彰显其现实意义。

第三节　精神修养与精神解放彼此呼应的精神发展观

精神发展是人的自由全面发展的基本内容之一。如何从精神的现有状态达到精神的理想状态，是精神发展的基本问题。在现代性的物质文明和制度文明建构的基础上，推进现代性的精神文明发展，成为真正完成现代化建设的一个不可或缺的维度。西方学术界建构的"人的现代化指标体系"和"快乐指数"，显得实用性有余而深刻性不足。把中华优秀传统文化关于人的精神发展的深厚的思想资源和智慧洞察，与马克思主义基本原理对于人的精神发展的学术探索和理论思考结合起来，可以为中国学者推进人的精神发展问题研究提供优势。建构中国理论在现代性的精神文化发展上的"学术自我"与"思想自我"，成为当代中国学者的一项学术使命。

在总体性的生命体验中，持续深化精神修养，拓宽心性空间，不断拓展精神生活的深度，进而追求精神上真正的快乐和幸福，是中华优秀传统文化追求的精神发展路向。从孟子的"养浩然之气"、庄子的"与天地精神往来"，到陆九渊的"宇宙便是吾心，吾心即是宇宙"、王阳明的"心物一体""心即理""致良知"，中华优秀传统文化在欲求与精神的矛盾中，以精神"大我"主宰欲求"小我"，经由情感和德性的培育与积淀，升华精神格局。深厚的心性修养，可以带来持续的精神快乐。儒家提倡的"学是学此乐"、道家提倡的"至乐"、佛家提倡的"极乐"等，都是在不离感性之乐中追求精神上的真正快乐。从孔子的"从心所欲，不逾矩"、孟子的"万物皆备于我矣。反身而诚，乐莫大焉"，我们可以汲取追求精神享受的丰富的智慧资源和生命体验。尤其作为中华传统文化重要组成部分的王阳明心学，明确以"乐"为"心之本体"，而且说清楚了"乐"之"不难得"与"如何得"。"乐是心之本体，虽不同于七情之乐，而亦不外于七情之乐。虽则圣贤别有真乐，而亦常人之所同有。但常人有之而不自知，反自求许多忧苦，自加迷弃。虽在忧苦迷弃之中，而此乐又未尝不存。但一念开明，反身而诚，则即此而在矣。"①"乐是心之本体。仁人之心，以天地万物为一体……时习者，求复此心之本体也。悦则本体渐复矣。"②

　　马克思主义把对精神发展问题的研究放置于历史唯物主义的整体性框架之中，以精神解放为基本路向，深入探索了制约精神发展的根本问题和现实条件。马克思不满足于康德和黑格尔等哲学家对精神发展的理性批判和哲学思辨，在深刻揭示资本主义时代的感性至上与注重占有、嵌入精神领域的"抽象统治"、人的内在本质的"空虚化"等精神问题的基础上，注重"改造世界"的理路，以追求精神的真正解放。首先，基于生产力的发展追求人的精神解放。马克思批判康德"把这个善良意志的实现以及它与个人的需要和欲望之间的协调都推到彼岸世界"③，认为"人们每次都不是在他们关于人的理想所决定和所容许的范围之内，而是在现有的生产力所决定和所容许的范围之内取得自由的"④。其次，把精神解放置于改造社会关系的框架之中。作为自然性、社会性和精神性相统一的主体，人生活在一定的社会历史关系中。"社会关系实际上决定着一个人能够发展到什么程度。"⑤ 最后，以自由时间为精神解放的重要条件。如果忙忙碌碌于衣食住行而没有一定的自由时间，实现人的精神发展就是奢谈。马克思说过："时间实际上是人的积极存在，它不仅是

---

① 《王阳明全集》，上海古籍出版社，2011，第79页。
② 《王阳明全集》，上海古籍出版社，2011，第216页。
③ 《马克思恩格斯全集》第3卷，人民出版社，1960，第212页。
④ 《马克思恩格斯全集》第3卷，人民出版社，1960，第507页。
⑤ 《马克思恩格斯全集》第3卷，人民出版社，1960，第295页。

人的生命的尺度，而且是人的发展的空间。"① 对自由时间的运用，为人的发展和精神解放提供了可能性空间，"整个人类的发展，就其超出对人的自然存在直接需要的发展来说，无非是对这种自由时间的运用，并且整个人类发展的前提就是把这种自由时间的运用作为必要的基础"②。

精神修养与精神解放可以在激活和丰富中相互成就。从总体上来看，马克思主义基本原理关于精神解放和中华优秀传统文化关于精神修养的精神发展路向，指向主客统一或天人合一的价值追求。精神解放是精神修养的基石，精神修养是精神解放的深化。缺乏精神修养的精神解放，对精神的厚度便有所忽视。精神修养离不开精神解放所创造的基本条件，离开现实的社会历史条件的精神修养缺乏坚实的生活根基。马克思强调德性修养的重要性，认为"道德的基础是人类精神的自律"③。当然，在历史唯物主义的视域中，德性不可能脱离社会历史条件。人们总是"从他们进行生产和交换的经济关系中，获得自己的伦理观念"④，"道德、宗教、形而上学和其他意识形态"无法保留"独立性的外观"⑤。马克思追求的是解放全人类这个最大、最根本的道德。摆脱自然整体的束缚以及社会关系对个人自由的妨碍，以空灵逍遥、解脱无执为意义追求的修养方式，从历史唯物主义的维度来看，不能脱离一定的社会关系和现实的物质生活条件，不能无视历史的积淀。马克思认为，作为"无精神活力的制度的精神"⑥ 的宗教信仰，实际上贬低了人的主体性和创造性。在批判作为"那些还没有获得自己或是再度丧失了自己的人的自我意识和自我感觉"⑦ 的宗教的基础上，马克思追求的是在把握

---

① 《马克思恩格斯全集》第 47 卷，人民出版社，1979，第 532 页。
② 《马克思恩格斯全集》第 47 卷，人民出版社，1979，第 216 页。
③ 《马克思恩格斯全集》第 1 卷，人民出版社，1956，第 15 页。
④ 《马克思恩格斯选集》第 3 卷，人民出版社，2012，第 470 页。
⑤ 《马克思恩格斯文集》第 1 卷，人民出版社，2009，第 525 页。
⑥ 《马克思恩格斯文集》第 1 卷，人民出版社，2009，第 4 页。
⑦ 《马克思恩格斯全集》第 1 卷，人民出版社，1956，第 452 页。

历史发展趋势的基础之上，依靠主体的能动性在实践活动中建构人的现实性。"对宗教的批判使人不抱幻想，使人能够作为不抱幻想而具有理智的人来思考，来行动，来建立自己的现实；使他能够围绕着自身和自己现实的太阳转动。"①

第四节　内向超越与实践创造相互包容的精神境界观

在精神问题的研究领域中，提升精神境界是发挥精神的功能与作用、体现精神力量的一个重要方面。精神境界不仅标识着一个人的气象格局、个性尊严及生命价值，还可以源源不断地向心灵空间注入强大的"精神力"，尤其在个体陷入困境或面对逆境之时。在西方文化中，关于精神境界的相关问题，主要是和宗教信仰、终极关怀关联在一起的。中华优秀传统文化和马克思主义基本原理对于精神境界有着独特的思考方向和研究理路。

不同于心灵的外向超越（超出自身的限制，达到某种普遍的实在或实体），中华优秀传统文化追求内向超越的精神境界，即在自身之内实现心灵超越，达到内外合一、主客合一、天人合一的精神境界。一个人若向心灵深处用力，有了深厚和高远的精神境界，与他人面对同样的现实生活世界便可以产生不同的体验。张岱年曾这样概括中国哲学："中国哲学有一根本观念，即'天人合一'。认为天人本来合一，而人生最高理想，是自觉地达到天人合一之境界。物我本属一体，内外原无判隔。但为私欲所昏蔽，妄分彼此。应该去此昏蔽，而得到天人一体之自觉。"② 内向超越的精神境界观，基于生命存在之有限与无限的矛盾，在不断地实现精神提升和超越的过程中，追求道德理想和精神自由。人除了本能性的物质需求之外，还有更高的精神追求。人能觉察到自己是一种有限的存在，因而更

---

① 《马克思恩格斯文集》第1卷，人民出版社，2009，第4页。
② 张岱年：《中国哲学大纲》，商务印书馆，2015，第27页。

为迫切地超越有限去追求无限。中华优秀传统文化普遍重视精神的内向超越：儒家的内向超越，主要是超越欲求的限制，上达于天命、天理的觉解，以拥有超凡入圣的道德理想人格；道家的内向超越，主要是通过精神的净化超越世俗的限制，上达于道的觉解，以实现精神的绝对自由；佛教的内向超越，主要是从包括生老病死在内的一切痛苦和烦恼中解脱，上达于佛性的觉解，实现对世界和人生大彻大悟的涅槃境界。

在马克思主义基本原理的视域中，从"实践·需要·精神"的结构框架出发，融合中华优秀传统文化关于内向超越的精神智慧，建构一个包容"内在超越"和"外在超越"的新精神境界体系，显得更为整体和周全。在人的现实生活世界中，以实践为基石，需要与精神构成一对基本的矛盾关系。马克思认为需要是人的本性，"他们的需要即他们的本性"①，"任何人如果不同时为了自己的某种需要和为了这种需要的器官而做事，他就什么也不能做"②。也就是说，离开需要，无法谈及人的生存和发展。人的需要是社会历史发展的一个动力源，也是人类取得物质文明建设成就的主要推动力。然而，如果任由物质需要无序膨胀，人就会成为欲望的奴隶。马克思曾用"人是消费和生产的机器"③"一种纯粹动物式的意识"④ 等论断揭示"欲望主宰"的精神状态的局限性。与需要并立且对之形成一定牵制的精神，既是人的现实生活中不可或缺的一部分，也是人的内在世界的一种基本动力和平衡力量。"精神"及其自由在马克思的思想中居于价值系统的高处。马克思认为，自由不仅是"人类精神的特权"⑤，而且是"全部精神存在的类的本质"⑥。当然，精神自由的实现离不开物质需要的满足这一前提性条件，它依赖"以财

---

① 《马克思恩格斯全集》第 3 卷，人民出版社，1960，第 514 页。
② 《马克思恩格斯全集》第 3 卷，人民出版社，1960，第 286 页。
③ 《马克思恩格斯全集》第 42 卷，人民出版社，1979，第 72 页。
④ 《马克思恩格斯选集》第 1 卷，人民出版社，2012，第 161 页。
⑤ 《马克思恩格斯全集》第 1 卷，人民出版社，1956，第 63 页。
⑥ 《马克思恩格斯全集》第 1 卷，人民出版社，1956，第 67 页。

富为唯一的最终目的的那个历程的终结"①,"自由王国"只能存在于"物质生产领域的彼岸"②。我们既不能够任由"欲望主宰",也不应该主张"精神至上"。需要和精神以合适的比例汇聚在现代化实践中,这既可以让精神与心灵获得"实现",又可以激活现代化的持续创新力量,保持勃勃生机。

通过内向超越走向天人合一与在实践创造中实现共产主义是可以相互包容的,同时也是相互需要的。精神境界的建构和提升,离不开内心与外界的相互激荡。王国维曾经这样界定"境界":"境,非独谓景物也。喜怒哀乐,亦人心中之一境界。故能写真景物、真感情者,谓之有境界。否则谓之无境界。"③ 对于提升精神生活品质、打破外在束缚的自我主宰,以及超脱物欲和名利的精神舒适而言,内向超越的精神境界观具有极其重要的积极意义。精神超越、精神逍遥和精神自足对于消解主客体之间以及主体之间的矛盾有着明显的价值。与此同时,对于推动自然科学技术的发展、建立客观有效的社会制度和法治秩序,以及探索宇宙人生的终极关怀而言,内向超越的精神境界观显示出一定的局限性。局限于内向超越,尽管可以达到一个超越的精神境界,供自己"享用",却无力将其转化成现实,改造世界。当然,局限于物质实践,虽可以不断改善和优化生存环境与社会秩序,却难以满足心灵不断超越有限而最终找到生命皈依的精神需求。综合马克思主义基本原理和中华优秀传统文化的相关智慧,建构内向超越与实践创造相互包容的精神境界观,相信可以成为精神问题研究中值得期待的内容。这也正如马克思所言:"人双重地存在着:从主体上说作为他自身而存在着,从客体上说又存在于自己生存的这些自然无机条件之中。"④

---

① 《马克思恩格斯全集》第 45 卷,人民出版社,1985,第 398 页。
② 《马克思恩格斯文集》第 7 卷,人民出版社,2009,第 928 页。
③ 王国维:《中国人的境界》,中国工人出版社,2013,第 65 页。
④ 《马克思恩格斯文集》第 8 卷,人民出版社,2009,第 142 页。

第四章　历史唯物主义与人的
精神发展的三个路向

　　从历史唯物主义的整体性眼光来看，精神发展是人的全面发展的重要维度。人的精神发展主要有三个基本路向：遵循境界逻辑和适用苦乐原理的精神修养，遵循自由逻辑和适用主客原理的精神实现，遵循实践逻辑和适用知行原理的精神解放。中华优秀传统文化为寻到一个"稳当快乐"的境界提供了智慧滋养；德国古典哲学在主客对立统一的框架中阐明了精神自由及其实现的过程；马克思主义哲学深刻揭示了影响精神发展的根本问题和基础条件，确立了以实践为地基、以唯物史观为基石的推进精神解放的分析框架。在追求天人合一或主客统一的共同目标时，三种路向存在显著的方法论差异。在推进精神发展问题的研究中，马克思主义同中华优秀传统文化是可以和而不同、相互促进的。

　　如果说人的发展是现代发展理念的核心，那么精神发展则是人的全面发展的题中应有之义。所谓精神发展，指的是"精神"从"实然"到"应然"的动态过程，标识着"精神"面对自然整体和社会群体时的主动性姿态，体现于精神法则与欲望法则的对抗及关联之中。漫长的传统社会依托宗教信仰和德性规范的精神基地，在遭受被欲望和财富所裹挟的现代化潮流的激烈冲击之后，开始徘徊于理性与非理性的精神抉择。在现代文明基本建立了一套对个体欲望进行有效激发和合理规范的规则之后，通过精神发展对欲望加以引导和提升，就显得愈发重要。究竟应该如何把握能够彰显人之尊严和价值的"精神"？从传统的"精神压制欲望"转向现代的"欲望驱逐精神"之后，"精神"能否以及如何发展？这是学术界历来存有较大争议的问题。本章尝试提炼精神发展的三种基本路向，期待更加广泛而深入的关注和讨论。

第一节　精神修养：境界逻辑与苦乐原理

把握内在精神世界的整体性，通过持续的精神修养不断提升精神境界，享受人生至乐和精神真乐，是精神发展的一个基本路向。在中国文化的演进脉络中，从孔子、孟子、庄子、陆九渊、王阳明，到冯友兰、牟宗三等，均是这一精神发展路向的典型代表。精神修养如在"心田上种庄稼"，亦如"打扫心田"，它把自然现象和社会活动以及现实生活中的各种交往方式融入内在的精神参照系之中，并用人心所具有的内在图式去净化由感知和经验而得来的材料，把社会历史知识转化为价值规范，把人对自身内心活动的体悟提升为德性原则，进而升华为心灵境界。精神修养注重心的功能和修养，主要处理欲求与精神的关系，以精神法则主宰欲望法则，以精神自我超越自然之我。

精神修养所遵循的境界逻辑，既不同于客观观察和科学记录，也不太注重结构分析和逻辑推演，而是从整体上看待"心"的存在，使精神展现超然的能量并体现超越性的作用。境界将智性、情感、意志结合在一起，追求真善美的统一，因而是整体论。在方法上，不同于从感性认识到理性认识的认知逻辑，境界逻辑注重的是体验、意会、想象、省悟、觉解、审美；它虽然超越了经验和认知，却没有衍化为宗教信仰，其所追求的是拥有理想人格、实现自我超越和创造意义世界。所谓精神境界，指的是随着精神修养层次的提升，即使面对同样的环境和人情世故，人们也可以产生不同的体验和意义感。较高的境界扬弃而不是抛弃较低的境界，同时也统驭较低的境界。

在精神修养的过程中，随着精神境界的不断提升，人们可以获得苦中作乐、以苦为乐、苦尽甘来的结果。追求快乐、避免痛苦是人的行为的深层动机。功利主义哲学的创立者边沁就曾指出，"自然把人类置于两个至上的主人——'苦'与'乐'——的统治之下。只有它们两个才能够指出我们应该做些什么，以及决定我们将要怎样做"①。欲求是否得到满足，认知是否得到真理，情感是否得到愉悦，所对应的是苦或乐的体验。不断提升精神修养和精神境界，就是要通过超越习以为常的苦乐进而追求更高层级的或真正的快乐，它以"化苦为乐"为出发点，所要超越的是把人降低为一个为物质欲求所充斥的欲望机器的现象，所不能逾越的界限是像佛教那样的"空无化"一切。中国传统文化所推崇的快乐，如儒家提倡的"学是学此乐"、道家提倡的"至乐"、佛家提倡的"极乐"等，都不是感性的快感，而是精神快乐，它不仅包括内在的道德满足、敬畏体验和信仰情怀，还是真正的精神愉快和精神享受，是人生的真正幸福。当然，精神之乐离不开感性之乐，它要在感性之乐中得以体现。印度哲学也把"乐"作为精神修养的最高层次，如室利·阿罗频多就曾指出，世界的原则有三个方面：一是力量；二是理智；三是居于此二者之后的"较深底秘密，即宇宙底悦乐，爱，美，这取起了前二者，能建立一些事物，高于正义，优于和谐，真过理智——一体性与福乐，我们圆成了的生存之极乐"。②

如何通过精神修养达到"稳当快乐"的境界？中国传统文化为这一精神发展路向提供了丰富的智慧滋养。从孔子的"从心所欲，不逾矩"、孟子的"万物皆备于我矣。反身而诚，乐莫大焉"等儒家所向往的"孔颜乐处"，到程颢的"学至于乐则成矣"、王阳明的"乐是心之本体"等宋明理学家所追求的"理义之悦我心"，思想家们形成了一个通过精神修养提升至"乐之境界"的脉络传承。程朱

---

① 周辅成编《西方伦理学名著选辑》下卷，商务印书馆，1987，第210页。
② 徐梵澄：《玄理参同》，崇文书局，2017，第160页。

理学对"孔颜乐处"的发挥，实即去"心"之私欲、存"心"之天理，以达圣贤境界为乐。道家的所谓"得道境界"，实即通过体验大道的存在及其作用，实现人与道通融为一，进而把人的情感从现实束缚中解放出来，超脱世俗之情的纠缠，获得真正的精神自由，享受人生的乐趣。

逆境的压抑往往更加容易激发人们于精神境界之中取乐的倾向。"心学"之所以成为明代占据主流的思潮，部分是因为现实问题的反向激发，比如其代表人物科场不如意、格物之不通，或者不满于精英文化对社会下层生存需求的忽视，以及道德理性对自然明觉的漠视。心学集大成者王阳明提出了"乐是心之本体"，明确以"乐"为"心之本体"，把"乐"作为精神修养的最高层次或最终追求。

最高的境界表现为，人可以摆脱苦恼而得到至高无上的快乐。传统儒家特别是理学家都把"圣人之乐""孔颜之乐"看作人生的最高境界。在中国传统文化推崇的"天人合一"中，人因天地万物而获得内容，天地万物因人而获得意义，其实质就是人通过与世界的交融相通而得到最大的精神享受。张岱年曾提出，"中国哲学的最大贡献，在于生活准则论即人生理想论"[①]，"中国哲学之中心部分是人生论，人生论之中心部分是人生理想论。人生理想论即是关于人生最高准则的理论"[②]，而这种人生理想的最高表现就是"天人合一"。

第二节　精神实现：自由逻辑与主客原理

精神的发展除了向内深化修养之外，还追求外在实现。所谓精神实现，指的是在主客二分的前提下，通过认知和改造客体以克服主客观的分离性与对立性，使内在与外在统一起来。精神实现的主要方式和基本载体是语言（包括肢体语言、口头语言、书面语言等）及行为，具体形态包括诸种组织架构和制度体系，也就是"现实的、

---

① 张岱年：《中国哲学大纲》，商务印书馆，2015，第846页。
② 张岱年：《中国哲学大纲》，商务印书馆，2015，第394页。

有血有肉的人的精神所创造的法律、社会、国家、风俗、习惯、伦理道德的世界"①，在广义上涵摄所有文化创造和文明成果。从过程来看，精神实现包括内化和外化两个互相衔接、彼此关联的阶段。没有内化时的吸纳和消融，外化就会因缺乏实质内容而流于形式；没有外化时的主宰和创造，内化的内容就会缺乏生机和意义。精神世界就在这种内化与外化的良性互动中不断得到丰富、拓展和提升。人之精神唯有超出主观或内在世界的范围，进入客观实在之中，才能有真正的"精神实现"；人之精神只有同整个世界融为一体，精神实现的本真状态才能体现。当然，这并不意味着主体能将某种秩序强加给客体，事实上主体精神能把本来潜藏于存在之中的普遍性和统一性激发出来并不断加以优化。也就是说，精神实现的过程始终彰显着精神的主体性和创造性，洋溢着理性批判的精神和自由创造的精神。

精神实现主要基于精神的自由。人的本质在于自然性、实践性、社会性与精神性的统一，精神的本质在于自由。人的精神性既涵摄又超越着人的自然性、社会性，其超越的一个基本点就在于精神领域存有的能超出各种因果逻辑的自由。人获得自由的程度主要取决于精神统驭欲望和战胜自然习性的程度。精神实现所遵循的自由逻辑，既包括免于外在束缚，也包括自我抉择和自我实现，这两个方面是以后者为基础的统一体。免于外在束缚，主要是超越机械因果性和人为依赖性，从社会群体和自然整体的双重束缚中解脱出来；自我实现，意在成为自己的主人，实现自我的自由，同时尊重其他主体的自由。这里的自由逻辑包含着自我意识、自由意志、独立自主、主观能动、自我决定，它在机械性的自然整体和人伦性的社会群体中显示着精神的主观能动性和无限创造性。

精神自由的实现直面主客之间的对立统一。主客二分是自由的存在条件，主客统一是自由的真正实现。一方面，客体具有自身的因果逻辑，它不会自动满足精神的自由需求，这就要求主体精神在

① 张世英：《论黑格尔的精神哲学》，上海人民出版社，1986，第89页。

把握客体的基础上改造客体。克服了外在的异己性，客体就不再能限制主体。另一方面，主观精神具有自身的局限性，只有去掉个人之见，超越感觉、表象、欲望、情绪、冲动等，深入事物的内部去把握其本质，才有可能在主客统一之中见证自由。如果把人的精神简单地置于自然因果必然性的支配之下，那就会导致道德虚无和理想缺失；而单纯强调以自由超越必然，也容易无视文明规范和价值制约。总之，没有达到主客统一的精神自由是空虚的自由。真正的自由不是精神自我的孤芳自赏，能够克服各种对立和矛盾才是自由的本性追求，这也就是中国传统文化所主张的"心无内外"。在黑格尔那里，精神就是"主观东西和客观东西的统一"①。也就是说，与客体对立的主体、与客观对立的主观都还不足以称为精神，精神中的客体已然成为经历了否定之否定之后而被克服了的外在性。

在主客对立统一的基本框架中，康德和黑格尔对精神自由及其实现进行了深刻的哲学阐释。在康德那里，因缺乏直观对象和感性材料而无法用知性概念把握的"精神自由"，只能在实践理性中通过"道德律令"得以证明和实现。"要这样行动，使得你的意志的准则任何时候都能同时被看作一个普遍立法的原则。"② 由于"道德律令"的存在，《纯粹理性批判》中无法认知的"精神自由"就变成了《实践理性批判》中具有普遍实在性的"自由意志"。当然，这种精神的实现并不能给我们带来任何有关对象的知识，而是有可能基于"自在之物"而现实地对生活世界发生作用。康德反对把"灵魂""精神自我"当作可以为知性所把握的被决定性的实体，主张精神自我是主动的、自作决定的，是超出经验之上的自由决定者。

黑格尔在探索精神自由及其实现的过程中扬弃了康德的理性批判，他认为如果从经验的东西中不能把握普遍和无限的东西，那就等于否定了人的抽象思维，否定了人运用概念的能力。在黑格尔那里，人的本质在于精神，精神的本质在于自由，事物的本质在于概

---

① 〔德〕黑格尔：《精神哲学》，杨祖陶译，人民出版社，2006，第35页。
② 〔德〕康德：《实践理性批判》，邓晓芒译，人民出版社，2003，第39页。

念，自由的精神因为能够把握概念进而能够把握事物的本质。当然，只有通过劳动、实践、社会、国家、法律、道德、宗教、艺术、哲学等一系列的"环节"，人的精神自由才能实现。真正的精神自由不以自己的对立面为限制，而是通过于外在的东西中实现自身而呈现为一个主客统一的过程性整体。黑格尔认为，"精神实现自身的过程也就是通过把与其自由本质不相适合的现实改变为与之相适合的现实而实现其自由的过程"①。客观精神就是主观精神的外部表现和实现形态。

第三节　精神解放：实践逻辑与知行原理

精神解放的基本路向，侧重解决那些影响或可能影响精神发展的相关问题。人文思想家们对精神发展所遭遇的问题进行了深刻的揭露和批判，如弗洛伊德对文明压抑的批判，马尔库塞和弗洛姆对物化意识的批判，后现代主义者对理性的独断和统治的批判——因为理性违背了自身实现精神自由的初心，影响了精神的真正发展。马克思则确立了以实践为地基、以唯物史观为基石的推进精神解放的分析框架。由此，以追求人的自由全面发展和人的解放为旨归的马克思主义哲学，在精神解放这一精神发展路向中占据了显眼的位置。马克思恩格斯通过引入实践范畴和唯物史观，深入探索了影响精神发展的根本问题和基础条件。

从精神发展的理论逻辑转向实践逻辑，马克思以实践为基础揭示了精神世界的三个维度及其发展状态。在马克思之前的精神理论研究中，人们依据对精神存在的静观、体验或逻辑分析，对精神世界进行了结构划分，比如柏拉图的理智、情感、欲望，康德的知、情、意。显然，在把实践作为人的存在方式和社会生活本质的哲学视野中，不能脱离实践活动而空谈精神结构及其发展。

其一，在实践过程中，内在精神世界的感性因素和认知性因素

---

① 〔德〕黑格尔：《精神哲学》，杨祖陶译，人民出版社，2006，第11页。

映照着现实，呈现出明显的受动性和被动性。作为现实关系及其历史的产物，人的感觉、意识、思维及其所运用的"范畴"等"精神上的现实丰富性完全取决于他的现实关系的丰富性"①。

其二，实践观念的形成依赖能动性的精神维度。"劳动过程结束时得到的结果，在这个过程开始时就已经在劳动者的表象中存在着，即已经观念地存在着。"② 人善于用内在固有的尺度来衡量对象，并且懂得按照任何事物的尺度来进行生产。在马克思那里，激情、目的、意志、觉悟、想象等精神因素在实践中可以发挥内在驱动性作用，具有明显的相对独立性和反作用力，彰显着人的自由、尊严及其主体性地位。"人不是由于有逃避某种事物的消极力量，而是由于有表现本身的真正个性的积极力量才得到自由。"③ 与此同时，离开了现实的实践活动，就无法真正展示和发挥精神世界的能动性。"通过实践创造对象世界，改造无机界，人证明自己是有意识的类存在物。"④ 此外，实践制约着精神能动性的限度。脱离实践水平及其现实条件的盲目行动，往往会给社会历史发展造成无法挽回的损失。

其三，创新性的实践离不开创造性和超越性的精神维度。无论是早期强调的人的本质在于自由自觉的活动、"人也按照美的规律来构造"，还是后来阐释的"最高的精神生产""自由的精神生产""自由个性""自由王国"，这些均体现出马克思的精神结构论中最有活力和张力的超越性维度。马克思曾用"社会的物质生产和精神生产的物质变换"⑤ 这一经典论断，揭示了内在与外在之间相互推动和相互提升的关系。建立于"必然王国"基础之上、存在于物质生产领域彼岸的"自由王国"，既标示了最高的精神追求，又显示了一种不同于重复性实践的纯粹创造性、创新性活动。

不满足于对精神发展的理性批判和哲学思辨，马克思系统而深

---

① 《马克思恩格斯文集》第 1 卷，人民出版社，2009，第 541 页。
② 《马克思恩格斯全集》第 23 卷，人民出版社，1972，第 202 页。
③ 《马克思恩格斯全集》第 2 卷，人民出版社，1957，第 167 页。
④ 《马克思恩格斯全集》第 3 卷，人民出版社，2002，第 273 页。
⑤ 《马克思恩格斯全集》第 44 卷，人民出版社，1982，第 162 页。

入地探索了制约精神解放的现实条件，落实了推进精神解放的行动基础。首先，生产力的发展为精神解放提供物质基础。基本欲望的满足是人类生存和发展的前提。精神解放离不开高度发达的生产力，只有通过发展生产力来解决物质欲求问题，才能克服人与物的对立。马克思曾谈到物质需求与精神自由之间的关系，他明确批判了康德"把这个善良意志的实现以及它与个人的需要和欲望之间的协调都推到彼岸世界"①，认为"人们每次都不是在他们关于人的理想所决定和所容许的范围之内，而是在现有的生产力所决定和所容许的范围之内取得自由的"②。其次，社会关系的优化和改善为精神解放提供社会条件。只有投身于集体之中，通过社会关系的改造来规避人与人之间的隔阂，人生才有意义。马克思明确提出："社会关系实际上决定着一个人能够发展到什么程度。"③ 精神的解放和自由的发展不可能脱离社会，对此马克思有一系列论断，如人的自由发展依赖人与人之间的联系、个人只有在共同体中才能获得全面发展、个人的联合和自由离不开真实的集体、集体的活动和集体的享受是表现自己和确证自己的活动和享受、一个人的全面发展主要涉及他的现实关系和观念关系的全面性，等等。最后，自由时间是精神解放的前提。以实践为基石的人的自然性、社会性与精神性的统一，依赖一定的自由时间。马克思说过："时间实际上是人的积极存在，它不仅是人的生命的尺度，而且是人的发展的空间。"④ 人的解放和发展离不开自由时间的运用，"整个人类的发展，就其超出对人的自然存在直接需要的发展来说，无非是对这种自由时间的运用，并且整个人类发展的前提就是把这种自由时间的运用作为必要的基础"⑤。拥有了可以自由支配的时间，个人才会"在艺术、科学等等方面得

---

① 《马克思恩格斯全集》第 3 卷，人民出版社，1960，第 212 页。
② 《马克思恩格斯全集》第 3 卷，人民出版社，1960，第 507 页。
③ 《马克思恩格斯全集》第 3 卷，人民出版社，1960，第 295 页。
④ 《马克思恩格斯全集》第 47 卷，人民出版社，1979，第 532 页。
⑤ 《马克思恩格斯全集》第 47 卷，人民出版社，1979，第 216 页。

到发展"①。

前文主要从中国哲学、德国古典哲学、马克思主义哲学出发梳理了关于精神发展的三种基本路向，但这并不意味着完整呈现了不同文化体系中精神发展问题的整体面貌。需要强调的是，马克思主义哲学立足社会实践、从"人类解放"出发对精神解放的阐发，具有重要的方法论意义，可以指导我们对精神发展路向问题进行深入研究。

第一，无论是传统的农业时代，还是现代的工业文明、信息社会，人类既需要与时代相适应的人文理性精神，也需要超越性的人文价值理想。与此同时，不同的时代往往需要不同的价值规则、道德规范和精神秩序。尽管存在时代变化和民族差异，但一个社会的精神发展终归离不开精神修养、精神实现和精神解放这三个基本路向。精神发展是相对于物质发展而言的，两者是辩证统一的关系；精神发展具有相对独立性，以人的全面发展为旨归。物质的发展不会顾及自身与精神的统一，精神发展追求着天人合一或主客统一。主客关系（或内在与外在的关系）是精神发展的基本问题，精神发展就是面对天人相异、主客二分的"现有"，追求天人合一、主客统一的"应有"。在精神修养的路向中，内外交融、心物一体、天人合一的境界是人生至乐之境；在精神实现的路向中，精神在征服和主宰客体的过程中实现了自身的自由；在精神解放的路向中，通过发展生产力、改造以生产关系为核心的社会关系，人与物、人与人之间的矛盾得到化解，人与世界实现了和谐统一。

当然，在追求天人合一或主客统一的同一目标时，精神发展的三种基本路向也存在显著的差异。精神修养所追求的天人合一主要基于精神的整体性，而并不注重主客二分的基本差异以及主体对客体的认知与改造，它主要体现为体验的统一、审美的统一、想象的统一；精神实现所追求的主客统一主要从精神自由出发，侧重在曲

---

① 《马克思恩格斯全集》第 46 卷（下），人民出版社，1980，第 219 页。

折和反复的斗争中主体对客体的主宰和征服；精神解放所追求的主客统一主要注重精神的无限性和超越性，它是从实践出发、基于唯物史观的分析框架，着重解决精神发展与外部限制条件之间的矛盾。

第二，无论是长期以来思想理论界所关注的"中西马"对话问题，还是当前尤为凸显的马克思主义基本原理同中华优秀传统文化相结合的时代课题，作为"安身立命之本"的精神发展路向问题都可以成为重要的切入点。简言之，重视精神修养的中华文化凸显了德性论、境界论维度中的精神发展，推崇精神实现的西方文化标识了主体论、自由论和认识论维度中的精神发展（西方宗教文化中还包含着神秘体验中的精神发展），立足于实践的马克思主义文化彰显了实践论、社会论维度中的精神发展。借助对话，容易看清彼此的优势与不足，取长补短；实现结合，可以了解对方能够为自己提供怎样的思想启发，会通以求超胜。没有精神实现的精神修养，对科学性和创造性重视不足；缺乏精神修养的精神实现，对精神的整体性和无限性有所忽视；精神修养和精神实现都离不开精神解放所创造的基本条件。

在精神发展问题上，中华优秀传统文化同马克思主义基本原理是可以和而不同、互相参照、相互促进的，这可以成为推进马克思主义中国化时代化同中华优秀传统文化现代转化的一个结合点。一方面，两者具有诸多相似的智慧之思。在倾向上，都强调对"役于物"的批判，重视精神发展；在方法上，无论是在事上修炼，还是在实践中改造，都强调精神与现实生活的结合；在目标上，马克思主义所构想的共产主义社会旨在解决人与自然、人与人之间的矛盾，中华优秀传统文化强调追求天人合一境界，尽管存在时代差异，但二者在价值取向和理想追求上无疑具有相似之处。另一方面，两者在重视科学性和注重修养上具有互补性。历史唯物主义肯定了社会历史发展中的精神因素及其巨大的能动作用，同时反对把精神动力当作最高或最终的原因，反对无限夸大精神性的力量。把精神结构和精神发展问题放在实践之中进行审视和考察，比脱离社会历史条件而沉醉于个人体验式的精神追求，显然更为科学和合理。在这个方面，素来重视德性和境界的中华优秀传统文化需要更多浸润现代科学精神。与此同时，中华优秀传统文化注重以内敛方式寻求人生意义的安顿，追求以道德修养达到人与天地万物本来一体的精神境界，尤其是在方法上强调精神自足，包括对非理性的关注，对体验、悟性、审美的重视，这些均有利于精神的充实和尊严的挺立。就此而言，马克思主义亦需更多地借鉴中华优秀传统文化，关注认识主体和实践主体的内向修养和精神格局。

第五章　精神的实现与现实的精神：
从黑格尔到马克思

经历了对黑格尔精神实现论的追随和批判之后，在马克思以实践为基石的历史唯物主义视野中，精神成为社会结构的一部分，精神解放成为实践的一个环节。在对资本现代性的总体性批判中，马克思深入批判了感性至上和欲望主宰的现代原则、嵌入精神领域的"抽象统治"，以及现代性的"双重虚无"状态。沿着马克思开辟的精神理论道路，在"现代化·欲望·精神"的整体性框架中，可以从八个相辅相成的环节探寻走出现代性精神困境之路：精神与现代化的沟通互动、生产力容许范围内的精神自由、社会关系决定下人的发展程度、从"异化劳动"到"真正自由的劳动"、以观念变革为核心的内在世界转型、自由时间是人的积极存在、以真正的共同体为空间舞台、精神与欲望协和的境界。

面对现代人普遍诟病的"精神问题"，有些研究者对"如何走出现代性的精神困境"这一"时代之问"显得有些"无动于衷"，对马克思那里相关的思想资源尚缺乏深入系统的挖掘。马克思对实践的重视和对虚假意识形态的"冷嘲热讽"，对抽象的形而上学致思方式的超越和对资本现代性的透彻批判，当然不是反对科学认识，也不是无视精神世界的存在，更不是反对精神的发展及其自我实现。无论是在青年时期具有浪漫派形象的诗里，还是从对爱情和友情的重视中，都可以看出马克思情感世界的丰富及其对精神生活的重视。

　　如果说黑格尔的精神理论洋溢着现代性建构时代理论哲学的进取态度，那么马克思的精神观则显示了现代性批判中实践哲学的反思深度。马克思深刻把握了黑格尔精神理论背后的辩证逻辑，并将之运用于对现实精神状态的批判，进而对如何突破时代精神困境进行了深入的探索。如果说"宗教"和"道德"是精神实现的传统方式，那么马克思用"现实的劳动"对之进行了根本性置换。把真正的自由王国放到物质生产领域的彼岸，进一步显示了马克思追求精神自由的历史性和彻底性。

第一节　马克思对黑格尔精神实现论的
追随、批判和超越

　　继承德国哲人重视精神价值的传统，黑格尔构建了一套周全的精神理论体系。在黑格尔那里，"精神"既是能动性的意识与其外化对象的对立统一，也是相互承认的自我意识之间的普遍性整体，包括意识之外化、扬弃、回复等诸多环节。显然，不满足于将"精神体系"局限于人的内在世界，黑格尔把整个世界都"精神"化了："一切问题的关键在于：不仅把真实的东西或真理理解和表述为实体，而且同样理解和表述为主体。"① "精神"实际上成为黑格尔超越唯物主义与主观唯心主义所找到的"第三条道路"。

　　"精神的实现"是贯穿黑格尔精神理论的内在原则。精神内在性具有改变外在性的力量，这种改变也是主体在客体中实现自身的过程。在黑格尔那里，私有财产就是意志进入客体的结果，在错综复杂的历史现象背后支配方向的"理性的诡计"就体现了精神的实现。在《精神哲学》中，黑格尔具体划分了"精神发展的三个阶段"②，即主观精神、客观精神、绝对精神。这三个阶段构成了精神实现的全过程，并具体展示了"精神"如何通过概念辩证法在"逻辑"中

---

① 〔德〕黑格尔：《精神现象学》，贺麟、王玖兴译，商务印书馆，1979，第10页。
② 〔德〕黑格尔：《精神哲学》，杨祖陶译，人民出版社，2006，第27页。

得以实现。研究"精神的实现"无论如何不能绕开"坚硬的现实"
这一难题，黑格尔认为"精神"在世界历史的舞台上表现出自身最
具体的面目，整个世界历史的发展不过是"精神"的自我实现过程。
他明确说过："世界历史在一般上说来，便是'精神'在时间里的
发展，这好比'自然'便是'观念'在空间里发展一样"，① 而"整
个历史进程是精神的一种连贯进程，整个历史无非是精神的实现过
程"②。也就是说，只有历经漫长的历史过程及现实的考验，精神才
能在磨炼和教化中发育成熟，最终成为"自由精神"而完成自我实
现。在《历史哲学》中，黑格尔还具体阐释了"'精神'用什么手
段或者方法来实现它的'观念'"③。

博士论文写作和《莱茵报》时期，马克思主要从"自我意识"
出发，追随黑格尔的精神实现论。黑格尔的"自我意识"，包含着自
我与非我的相互确认，是一个意识外化及复归的过程，洋溢着积极
进取的追求自由的态度。精神的自由和独立是启蒙原则的重要表达。
青年黑格尔派以自我意识哲学为现代性启蒙进行理论上的辩护。从
启蒙精神的实现出发，确认自我意识的绝对地位，以捍卫精神自由，
是青年黑格尔派的基本主张。在博士论文和发表在《莱茵报》上的
政论中，马克思正是依据自我意识哲学的"主体"精神和"理性"
精神批判德国的专制现实。在揭示出德国哲学的"自我意识"不过
是法国启蒙平等精神的思辨表达之后，马克思提出哲学的任务就在
于通过自我意识的绝对理性应对现实的非理性。"一个本身自由的理
论精神变成实践的力量，并且作为一种意志走出阿门塞斯的阴影王
国，转而面向那存在于理论精神之外的世俗的现实。"④ 这里，"自
我意识"和"自由精神"转化为现代原则所蕴含的"主体性""理
性"，并进一步转化为启蒙思想所追求的"自由""民主"。此外，

---

① 〔德〕黑格尔：《历史哲学》，王造时译，上海书店出版社，2001，第 72 页。
② 〔德〕黑格尔：《世界史哲学讲演录（1822—1823）》，刘立群等译，商务印书馆，
  2015，第 449 页。
③ 〔德〕黑格尔：《历史哲学》，王造时译，上海书店出版社，2001，第 16~17 页。
④ 《马克思恩格斯全集》第 40 卷，人民出版社，1982，第 258 页。

当面对物质利益关系和理性原则之间的内在紧张时，马克思重新回到黑格尔"客观精神"中的法哲学，以及在《1844 年经济学哲学手稿》中大段摘引黑格尔"自我意识"的有关内容，并挖掘出"作为推动原则和创造原则的否定性"的辩证法这个《精神现象学》的"最后成果"。这在一定程度上清晰地呈现出马克思曾追随黑格尔的精神实现论。

德法年鉴时期，马克思开始从"现实"出发，批判黑格尔"精神实现"的"非现实性"。马克思批评道："自我意识通过自己的外化所能设定的只是物性，即只是抽象物、抽象的物，而不是现实的物。"① 这种精神性与现实性之间的隔膜，导致精神的力量成为一种想象的力量。在《神圣家族》中，马克思恩格斯批判思辨唯心主义"用'自我意识'即'精神'代替现实的个体的人，并且用福音书作者的话教诲说：'叫人活着的乃是灵，肉体是无益的'"，认为"这种没有肉体的精神只是在自己的臆想中才具有精神"②，并对黑格尔体系中的"三个要素"进行了还原，指认"自我意识"即"同自然分离的精神"，"绝对精神"就是"现实的人和现实的人类"。③

面对错综复杂的物质利益关系及其多重冲突，马克思开始重置"精神"与"现实"的关系。紧盯工业、财富领域与政治领域的关系这个现代问题，马克思把"意识"视为"物质生活"的"意识"，把"精神"视为"现实的人"的"精神"。基于此，马克思深入反思和批判了黑格尔所谓的"精神从本质到概念领域的推移"，认为"一个现实领域的纯粹理想性只有作为科学才能存在"④。当然，这种"精神"与"现实"逻辑权重的颠倒，显然不是无视"精神"。比如对于当时作为主要精神生活方式的"宗教"，马克思并不要求消除它，只是把它从至高无上的位置放回合适的位置。对此，马克思

① 《马克思恩格斯全集》第 3 卷，人民出版社，2002，第 323 页。
② 《马克思恩格斯文集》第 1 卷，人民出版社，2009，第 253 页。
③ 《马克思恩格斯文集》第 1 卷，人民出版社，2009，第 341~342 页。
④ 《马克思恩格斯全集》第 3 卷，人民出版社，2002，第 14 页。

明确说过："政治解放并没有消除人的实际的宗教笃诚，也不力求消除这种宗教笃诚"，① 在政治解放中"人没有摆脱宗教，他取得了信仰宗教的自由"②。值得进一步指出的是，不能简单地指认马克思对精神与现实关系的重置，就一定高于黑格尔以深沉的精神理性反观现实的方式。很显然，黑格尔也不会无视客观存在之于精神存在的"时间在先"。马克思倾向于"现实的精神"和黑格尔注重"精神的实现"之间的对立，并不体现于时间维度中"精神与现实何者为本原"的意义上，而是体现在逻辑上"精神与现实的统一方式"，这种"统一方式"显然是涵摄诸多环节的。

　　1845 年之后，马克思从"实践"出发，以"总体性的资本批判"颠覆了汇流于黑格尔的"观念论批判"。在以实践为基石的历史唯物主义视野中，精神成为社会结构的一部分，"精神实现"成为实践的一个环节，实践成为改造世界（当然也包括改造精神世界）的基本方式。由此，马克思实现了从"精神实现"到"生产一般"、从"精神辩证法"到"革命性实践活动"的转变，真正超越了以精神实现论为逻辑原则的黑格尔的精神理论。在黑格尔那里既是实体又是主体的"精神"，被马克思这里的"社会"取代，"主体，即社会"③。值得注意的是，这里的社会历史实践主体，不是简单地以"用脚立地"取代"以头立地"，而是"头脚并用"。历史归根到底是由人创造的，头脑的作用是无可替代的。历史唯物论并没有否认这一点，它所确立的生产力决定生产关系，只是决定作用的一种根本方式，而且这里的生产力也是人创造出来的。

第二节　马克思资本现代性批判的精神维度

　　马克思所确立的现代性批判，是一种以资本逻辑批判为枢纽的

---

① 《马克思恩格斯全集》第 3 卷，人民出版社，2002，第 175 页。
② 《马克思恩格斯全集》第 3 卷，人民出版社，2002，第 188 页。
③ 《马克思恩格斯文集》第 8 卷，人民出版社，2009，第 26 页。

总体性批判。把马克思的现代性批判孤立化为意识形态批判、政治经济学批判、社会主义批判相互隔绝的三大部分，既不符合马克思思想的整体性特征，也不利于有效应对历史经验的某些证伪。离开资本逻辑剖析和政治价值取向，哲学理论容易滑向抽象的辩证逻辑演绎；离开以实践为基石的历史唯物主义分析框架，资本主义生产方式批判和社会主义价值追求的有些内容可能沦为过时的历史批判。从整体性视野重新审视马克思的现代性批判，我们发现，马克思资本现代性批判的精神维度，在以往的研究中被有意或无意地遮蔽起来了。直面内嵌于实践之中的精神存在，马克思深入批判了资本主义现代化的精神状况。

在关注和挖掘马克思资本现代性批判的精神维度时，一定要避免使其退回至一种纯粹观念论的精神批判。这里决不能离开马克思对资本主义经济运行方式的批判这一基础，不能忘却马克思把黑格尔的精神现代性转置为以生产方式为基础的资本现代性，不能背离马克思以历史唯物主义的存在论取代理性观念论的现代性批判路线。"历史唯物主义"中的"物"，既不是抽象的物质本体，也不是具体的物质形态，而主要是生产实践活动中所形成的对象性社会历史关系。唯物史观总是在一定的实践过程和社会关系中把握精神因素与物质因素及其内在关联。在资本这个"普照的光"笼罩之下，马克思的精神观集中于对作为劳动和资本的"抽象人格"的工人和资本家的精神状态的剖析和审视。

马克思对资本现代性之精神维度的批判是辩证的。新航线的发现、铁路的修建、钟表的发明等如何塑造了现代人的时空意识，这些已经被马克思所继承的启蒙精神揭示出来了。伴随着资本扩张而来的交往扩大、世界性的文化交流，必然可以为丰富精神生活提供一些基础条件。当然，马克思在高度肯定"资本的文明面"时，主要集中在物质层面，没有具体阐释资本逻辑对人的精神世界的提升作用。现代人的精神困境，实际上成为资本逻辑的某种"硬伤"。

其一，批判感性至上和欲望主宰的现代原则。诉诸感性欲望以指责宗教信仰的现代启蒙精神，触发有用性成为支配人类生活的内在原则。感性欲望的膨胀自然引发精神生活的萎缩和懈怠。马克思批判了时代精神的这种状况："实际生活缺乏精神活力，精神生活也无实际内容，市民社会任何一个阶级，如果不是由于自己的直接地位、由于物质需要、由于自己的锁链本身的强迫，是不会有普遍解放的需要和能力的。"① 当物质需要成为第一需要，物质生活就成为衡量解放的重要标准。对物的占有和消费成为现代人的根本性追求，"一切肉体的和精神的感觉都被这一切感觉的单纯异化即拥有的感觉所代替"②，"而在这个社会生产和交换的范围之外，再也没有什么东西表现为自在的更高的东西，表现为自为的合理的东西"。③ 于是，人们的生活空间、喜怒哀乐，以至于悲欢离合，都开始围绕资本旋转而轮番出场或消退。对此，马克思一针见血地指出："金钱是一切事物的普遍的、独立自在的价值。因此它剥夺了整个世界——人的世界和自然界——固有的价值。金钱是人的劳动和人的存在的同人相异化的本质；这种异己的本质统治了人，而人则向它顶礼膜拜。"④ 拥有金钱数量的多少，成为衡量人的力量大小的标准："货币的力量多大，我的力量就多大。"⑤

其二，批判嵌入精神领域的"抽象统治"。在资本主义时代，"个人现在受抽象统治，而他们以前是互相依赖的。但是，抽象或观念，无非是那些统治个人的物质关系的理论表现。"⑥ 也就是说，源于现实物质关系的"抽象统治"，已经渗透到精神领域。现实的个人成为抽象的自我，"被抽象化和固定化的自我，就是作为抽象的利己主义者的人，就是在自己的纯粹抽象中被提升到思维的利己主义"。⑦

---

① 《马克思恩格斯文集》第 1 卷，人民出版社，2009，第 16 页。
② 《马克思恩格斯全集》第 3 卷，人民出版社，2002，第 303 页。
③ 《马克思恩格斯全集》第 30 卷，人民出版社，1995，第 390 页。
④ 《马克思恩格斯全集》第 3 卷，人民出版社，2002，第 194 页。
⑤ 《马克思恩格斯全集》第 3 卷，人民出版社，2002，第 361 页。
⑥ 《马克思恩格斯全集》第 30 卷，人民出版社，1995，第 114 页。
⑦ 《马克思恩格斯全集》第 42 卷，人民出版社，1979，第 165 页。

"一种非人的力量统治一切"① 成为这种抽象统治的极致形式。马克思深入揭示了现代性意识形态的虚假性，并批判了现代性观念论批判路线因远离现实而坠落为"观念论副本"。同时，在马克思批判资本主义的"抽象统治"及对人类解放承诺的背后，我们能够感受到一种深沉的道义感和精神的力量。因此，马克思所向往的理想的精神状态，绝不是先验主体的内在精神体验，也不是关于精神原则的超验想象，而是反对沉迷于"精神的自恋"，追求在改造生产关系中能够实现的符合现实人性的精神存在方式。

其三，批判现代性的"双重虚无"状态。一方面，资本逻辑主导的现代化实践冲击了现实生活世界的延续性和稳定性。马克思用四个"一切"生动地诠释了这种现代性的生存景观："一切固定的僵化的关系以及与之相适应的素被尊崇的观念和见解都被消除了，一切新形成的关系等不到固定下来就陈旧了。一切等级的和固定的东西都烟消云散了，一切神圣的东西都被亵渎了。"② 人们的物质关系、社会关系以及相应的生活观念成为"历史的、暂时的产物"③。另一方面，在资本主义生产关系中，现实的对象性劳动蜕变为人的"非现实化"："劳动的现实化就是劳动的对象化。在国民经济的实际状况中，劳动的这种现实化表现为工人的非现实化，对象化表现为对象的丧失和被对象奴役，占有表现为异化、外化"④，由此导致了人的内在本质的空虚化，"在资产阶级经济以及与之相适应的生产时代中，人的内在本质的这种充分发挥，表现为完全的空虚化"⑤。在马克思看来，随着不断扩大的生产"把人当作既在精神上又在肉体上非人化的存在物生产出来"⑥，这种双重的虚无感，既严重冲击着"感到自己是被消灭的"无产阶级，也深度侵袭了"感到幸福，

---

① 《马克思恩格斯全集》第42卷，人民出版社，1979，第141页。
② 《马克思恩格斯选集》第1卷，人民出版社，2012，第403页。
③ 《马克思恩格斯选集》第1卷，人民出版社，2012，第222页。
④ 《马克思恩格斯选集》第1卷，人民出版社，2012，第51页。
⑤ 《马克思恩格斯全集》第30卷，人民出版社，1995，第480页。
⑥ 《马克思恩格斯全集》第3卷，人民出版社，2002，第282页。

感到自己被确证"的资产阶级。① 海德格尔深刻地指认了马克思对现代人命运的这种批判："在基本而重要的意义上"揭示了现代人"无家可归的命运"，因此"马克思比其余的历史学优越。"②

第三节　如何走出现代性的精神困境

如何走出资本主义现代化造成的"欲望主宰"、"抽象统治"和"双重虚无"的精神困境？黑格尔式的"精神→实现"路线，虽在解释现代性的生成方面极其深刻，但要改造现实的精神世界则显得绵软乏力。传统唯物主义式的"现实→精神"路径，揭示了不能妄图离开现实抽象解决精神问题，却难以指明主动积极的精神解放之路。与消灭资本主义私有制相对应，重建同传统观念进行彻底决裂后的精神世界，宣示了历史唯物主义的坚定立场及其诊治方向。遵循马克思开辟的精神理论道路，既然精神是资本现代性的一个维度，且成为一个"问题化"的维度，那就不能被动地依赖资本逻辑的推动或沉迷于精神的孤芳自赏，而应在"现代化·欲望·精神"这个整体性框架中积极探寻路径。

第一，精神与现代化的沟通互动。在批判过于追求物质欲望满足并忽视精神发展的资本主义生活方式的同时，马克思也坚决反对依赖"道德修养"或"宗教信仰"以实现精神主宰的传统方式。回归"温情脉脉"的传统社会，正是马克思所批判的"反动的社会主义"取向。马克思所使用的"生产关系""实践""资本"等重要概念，都具有超越传统的唯物和唯心之间对立的意蕴。在遵循历史发展趋势和社会运行规律的前提下，马克思追求把统治历史的异己力量置于人们自己的控制之下。作为社会历史创造主体的现代人，应"认识到自身'固有的力量'是社会力量，并把这种力量组织起来

---

① 《马克思恩格斯文集》第 1 卷，人民出版社，2009，第 261 页。
② 孙周兴选编《海德格尔选集》（上），上海三联书店，1996，第 383 页。

因而不再把社会力量以政治力量的形式同自身分离"①。正是在这个方面，卡尔·洛维特直接指认，马克思的经济学是一个统摄了经济存在和精神因素的辩证范畴。卢卡奇认为黑格尔留给马克思的最主要哲学遗产就是《精神现象学》中阐发的在历史过程中自我实现的主客同一性。实际上，不满于黑格尔"完全合乎逻辑地用'绝对知识'来代替全部人的现实"②，马克思把黑格尔在"逻辑"中得以拯救和实现的"精神"，置于以现代化实践为基础的社会历史的整体性结构之中，并在改造现代世界中延续性推进人的解放和精神实现。

第二，现代生产力容许范围内的精神自由。欲望的凸显既是现代化的动力又是现代化的结果。马克思说过："任何人如果不同时为了自己的某种需要和为了这种需要的器官而做事，他就什么也不能做。"③ 从现代化实践活动出发，就不能离开欲望满足而空谈精神的实现。无论是强调提高生产力，肯定资本推动物质文明发展的历史性作用，还是主张消灭资本主义私有制，都显示了历史唯物主义对最大化地满足所有人的物质需求的内在追求。无产阶级和人的解放，离不开生产力的提高和物质欲望的满足。真正的自由王国，存在于必然王国的彼岸。也就是说基本欲望满足之后，才可能有真正的精神自由。马克思曾直接谈到物质需求与精神自由之间的关系，他明确批判了康德"把这个善良意志的实现以及它与个人的需要和欲望之间的协调都推到彼岸世界"④，认为"人们每次都不是在他们关于人的理想所决定和所容许的范围之内，而是在现有的生产力所决定和所容许的范围之内取得自由的"⑤。

第三，社会关系决定着人的发展程度。人的交往所形成的社会关系以及以此为基础创设的社会制度，成为制约人的发展的重要因素。马克思明确提出："社会关系实际上决定着一个人能够发展到什

① 《马克思恩格斯全集》第 3 卷，人民出版社，2002，第 189 页。
② 《马克思恩格斯文集》第 1 卷，人民出版社，2009，第 357 页。
③ 《马克思恩格斯全集》第 3 卷，人民出版社，1960，第 286 页。
④ 《马克思恩格斯全集》第 3 卷，人民出版社，1960，第 212 页。
⑤ 《马克思恩格斯全集》第 3 卷，人民出版社，1960，第 507 页。

么程度。"① 在资本主义制度的非自愿分工中，"人本身的活动对人来说就成为一种异己的、同他对立的力量，这种力量压迫着人"②。资本逻辑主导下的物化生存，"最彻底地取消任何个人自由，而使个性完全屈从于这样的社会条件，这些社会条件采取物的权力的形式，而且是极其强大的物"③。依靠无产阶级，改造资本主义制度，真正解决公平正义问题，成为摆脱现代性精神困境进而实现人的自由全面发展的一个不可或缺的基础性条件。

第四，从"异化劳动"到"真正自由的劳动"。劳动是沟通内在世界和外在世界的基本方式。劳动解放包含精神解放。在《1844年经济学哲学手稿》中，马克思肯定了黑格尔把"真正的人理解为人自己的劳动的结果"④。透过黑格尔的劳动观，马克思洞察到劳动过程中主体与客体的"互相进入"。当然，与黑格尔把私有财产作为人的意志进入客体的结果不同，马克思把价值作为人的劳动进入客体的结果。资本主义条件下的异化劳动，不是把劳动看作实现自身价值的方式，而是将其视为赚取利润的工具，阻滞了劳动的真正实现。在批判黑格尔把人的本质的异化视为自我意识的异化，把掌握自我意识等同于掌握了自己的本质之后，马克思从现代世界的劳动状况出发，着眼于改造被资本规定的"抽象劳动"，使作为人类基本活动方式的劳动成为"自由的自觉的活动"（《1844年经济学哲学手稿》）、人的"自主活动"（《德意志意识形态》）、"生活的第一需要"（《哥达纲领批判》）和"真正自由的劳动"（《资本论》）。

第五，以观念变革为核心的内在世界转型。《共产党宣言》中有一句名言："共产主义革命就是同传统的所有制关系实行最彻底的决裂；毫不奇怪，它在自己的发展进程中要同传统的观念实行最彻底

---

① 《马克思恩格斯全集》第3卷，人民出版社，1960，第295页。
② 《马克思恩格斯选集》第1卷，人民出版社，2012，第165页。
③ 《马克思恩格斯全集》第46卷（下），人民出版社，1980，第161页。
④ 《马克思恩格斯文集》第1卷，人民出版社，2009，第205页。

的决裂。"① 在资本主义私有制取代之前的所有制关系的同时，资本主义观念冲击和摧毁了之前的传统观念。

"观念"像桥梁一样勾连互通着人们对外在世界的观感、认识、判断和内心的价值取向、情感意志、信念信仰。同个人主义、利己主义、享乐主义等资本主义腐朽观念的彻底决裂，必将迎来内在世界的整体转型和现代人精神世界的革新。

第六，自由时间是人的积极存在。黑格尔把历史感和时间意识引入哲学研究与精神发展过程："历史作为精神的发展过程是属于时间的"②，而"精神之所以有一种历史，是因为凡是精神的东西，都只是通过它的工作，通过对直接形态的加工而存在的，它由此上升到一种对于自身的意识，因而上升到一种更高的观点"③。马克思进一步以时间来衡量人的存在，认为"时间实际上是人的积极存在，它不仅是人的生命的尺度，而且是人的发展的空间"④，并把"自由时间的运用"作为人类发展的本质："整个人类的发展，就其超出对人的自然存在直接需要的发展来说，无非是对这种自由时间的运用，并且整个人类发展的前提就是把这种自由时间的运用作为必要的基础"⑤。因此，改造资本占有劳动和控制社会的逻辑，"不是为了获得剩余劳动而缩减必要劳动时间，而是直接把社会必要劳动缩减到最低限度"，"由于给所有的人腾出了时间和创造了手段，个人会在艺术、科学等等方面得到发展"。⑥

第七，以真正的共同体为空间舞台。从虚假共同体走向真正的共同体，既是自由发展的需要，也为精神发展提供了空间条件。离群索居式的自由全面发展是不可能的，"只有在共同体中，个人才能

---

① 《马克思恩格斯文集》第 2 卷，人民出版社，2009，第 52 页。
② 〔德〕黑格尔：《世界史哲学讲演录（1822—1823）》，刘立群等译，商务印书馆，2015，第 40 页。
③ 〔德〕黑格尔：《世界史哲学讲演录（1822—1823）》，刘立群等译，商务印书馆，2015，第 40 页。
④ 《马克思恩格斯全集》第 47 卷，人民出版社，1979，第 532 页。
⑤ 《马克思恩格斯全集》第 47 卷，人民出版社，1979，第 216 页。
⑥ 《马克思恩格斯全集》第 46 卷（下），人民出版社，1980，第 218~219 页。

获得全面发展其才能的手段，也就是说，只有在共同体中才可能有个人自由"。① 这种真正的共同体"是各个人的这样一种联合（自然是以当时发达的生产力为前提的），这种联合把个人的自由发展和运动的条件置于他们的控制之下"②，因此"各个人在自己的联合中并通过这种联合获得自己的自由"③。

第八，"全面的人""真正的人"：精神与欲望协和的境界。马克思从人本身出发探寻人的根本，认为"人双重地存在着：从主体上说作为他自身而存在着，从客体上说又存在于自己生存的这些自然无机条件之中"④。这里既从客体上阐释了人的自然性，也从主体上揭示了人的社会性和精神性。马克思持续追求的"全面的人""真正的人"，意味着人与自然、人与社会、人与人、人与自身之间诸种矛盾的和解，意味着实现人的自由全面发展，意味着个人潜能的充分实现，意味着达到人性完满的精神境界。有了宗教解放、政治解放、经济解放和精神解放，才能真正实现人的解放，才能出现"真正的人"。马克思认为"任何解放都是使人的世界和人的关系回归于人自身"⑤，而且是"全面的归还"，这里"个人的全面性不是想象的或设想的全面性，而是他的现实联系和观念联系的全面性"⑥，这种"全面性"的境界，展示着工具理性与价值理性的统一，展示着基本欲望满足上"立地"和精神境界提升上"顶天"的统一。实际上，我们不能被欲望主宰不谈精神，也不能绕开欲望空谈精神或一味沉迷于精神。在唯物史观的整体性分析框架中看待精神境界问题，比其他视角具有更大的空间和包容性。马尔库塞追求把压抑性的生存方式转变为非压抑性的生存方式，把工作转化为消遣，把性

① 《马克思恩格斯文集》第 1 卷，人民出版社，2009，第 571 页。
② 《马克思恩格斯文集》第 1 卷，人民出版社，2009，第 573 页。
③ 《马克思恩格斯文集》第 1 卷，人民出版社，2009，第 571 页。
④ 《马克思恩格斯文集》第 8 卷，人民出版社，2009，第 142 页。
⑤ 《马克思恩格斯全集》第 3 卷，人民出版社，2002，第 189 页。
⑥ 《马克思恩格斯文集》第 8 卷，人民出版社，2009，第 172 页。

欲升华为爱欲,从而达到"理性与人的本能的新联系",实现对异化的超越;弗洛姆向往确立"积极自由的生存状态",用爱心去工作,实现自我,充分发挥人的个性和潜能,等等,这些在一定程度上都可以整合为精神与欲望协和境界之中的一个环节。

第六章　马克思开辟的精神研究理路

黑格尔精神理论是建构马克思精神理论的逻辑起点。何以安放精神？无论是依托理念世界的理性僭越、寄托于精神秩序守护者的信仰慰藉，还是唯物主义、科学主义的机械式解决方案，都受到黑格尔的批判。马克思扬弃了黑格尔以"精神外化"为核心的精神理论体系，把精神存在置于以实践为基石的整体性框架之中，同时具体分析了精神的认知性因素、动力性因素和发挥决定性作用的因素及其与外在世界的多重关联。依此逻辑延伸，马克思主要从主体驾驭力量、人的解放层次、自由时间等维度，理性审视了历史延续性视角下人的解放和精神实现问题。

何以走出现代性的精神困境，中国传统文化和现代西方哲学的有关研究各显其能，马克思主义研究没有发出应有的声音。传统的认识论和唯物史观研究偏重于阐释精神世界的受动性，实践唯物主义的讨论也没有凸显主体性中精神存在的应有位置。与对马克思人学、政治哲学、价值哲学的建构相比，学界对马克思关于精神存在和精神实现的思想资源挖掘与整合不足。既不同于关注体悟觉解、道德修养和精神境界提升的中国传统研究理路，也不同于注重对精神现象和精神活动进行先验推演与逻辑分析的西方精神理论传统，马克思精神理论主要在以实践为基石的整体性框架中，从历史延续性视角关注人的解放和精神实现问题。

与注重主观体验和逻辑分析的精神理论不同，在以实践为基石的历史唯物主义论域中，马克思开辟了一条新的精神理论道路。在内在精神结构划分的问题上，马克思基于实践哲学把握精神世界的基本维度：作为现实关系及其历史的产物，人的感觉、意识、观念、思维以及所运用的"范畴"，呈现出明显的受动性；情感、目的、意志、觉悟、想象等精神因素，在实践中可以发挥内在驱动性作用，显示出精神的能动性；"自由的自觉的活动""按照美的规律来构造""最高的精神生产""自由的精神生产""自由个性""自由王国"等，体现出精神结构之中的超越性维度。在推进精神发展的问题上，马克思从"精神实现"的理论逻辑转向"精神解放"的实践逻辑；以历史性眼光审视德性、信仰、理性等精神追求；深入具体的物质生产和社会关系，铺平走向精神解放的现实道路。把在后来者那里被相对遮蔽起来了的马克思精神理论，与向来推崇精神修养的中国传统文化进行互鉴，有利于推进马克思主义中国化和中国传统文化现代化。

精神结构、精神的作用和精神发展问题，构成了精神理论的基本问题域。在探索人的解放及其能力全面发展和精神自由发展的过程中，既不同于悬置"物自体"之后在"道德律令"中追求人的自由和尊严的康德，也不同于用精神的外化和复归解释世界并以"绝对精神"为最高实现形式的黑格尔，马克思建构了实践哲学视野中的精神结构论和历史唯物主义论域中的精神解放论。在批判和超越依从自然秩序与集体意识的传统精神，以及膨胀于理性扩张和个人自由意志之中的现代性精神的基础上，以实践为基石的历史唯物主义把精神安放于一个恰当的位置，进而在合规律性和合目的性的统一中把握精神的整体结构及其延续性发展的途径。传统教科书主要在物质与意识、实践与认识、历史与价值等维度涉及马克思的精神观，对马克思精神结构论阐释不够完整。学界尽管把人的解放和发展作为马克思主义的主题，但是对马克思的精神解放论鲜有深入系统的研究。沿着马克思开辟的精神理论道路并将之与向来推崇精神修养的中华文化进行互鉴，有利于推进马克思主义与中华优秀传统文化相结合。

第一节　后黑格尔精神理论的逻辑自觉

何以安置精神，是和人的出现一样久远并历来为哲学家所关注的问题。面对强大而不为人所控的自然力量，以及因制度性约束不足而缺乏稳定性和可预期性的社会秩序，把精神寄托于超验领域曾经成为一种普遍性选择。典型的理论表征形态如柏拉图的"理念论"和亚里士多德的"本体论"。随着封建秩序的逐步确立，既对大众具有精神慰藉作用又有利于统治阶级控制精神秩序的宗教信仰，被塑造为安置精神的中世纪选择。精神秩序异化为人格化的神圣秩序，上帝成为精神世界的国王。伴随现代化进程而来的世俗化取向，精神生活逐渐回归人本身的感性、理性或非理性。"我思"及其先在性和至上性的确立为人的精神生活奠定了主体意识基础，经验论和唯理论随之成为精神认知领域探索的两大进路。

在以生理学和行为研究为基础的现代心理学研究范式兴起之前，黑格尔构建了庞大复杂且逻辑严谨的精神理论体系。黑格尔在感性和超验性之间限定了精神的位置："意识在自我意识里，亦即在精神概念里，才第一次找到它的转折点，到了这个阶段，它才从感性的此岸世界之五色缤纷的假象里并且从超感官的彼岸世界之空洞的黑夜里走出来，进入到现在世界的精神的光天化日"[1]。活跃着的精神，既通过对外在性和有限性的克服而把自身区分出来，又积极投身于树立对立面的活动并不断从这种活动中回复自身。因此，黑格尔认为精神就是"通过他物并通过扬弃他物才做到了证实自己是而且实际上是它按照它的概念应当是的那种东西，即对外在东西的观念性，从其异在向自身回复的理念，或——抽象地加以表达——区别着自己本身和在其区别中仍在自身内存在着并自为地存在着的普

---

① 〔德〕黑格尔：《精神现象学》（上），贺麟、王玖兴译，商务印书馆，1979，第138 页。

遍东西"①。概括黑格尔从不同维度对"精神"概念的阐释,"精神"作为绝对的实体、认识的运动、自然的真理性和理念的真正现实、主观存在和客观存在的统一,具有观念性、自为性、活动性和过程性等特征。我们把握黑格尔的精神理论,不能离开三个环节及其内在关联,即从存在到意识、从对象意识到自我意识,以及内在精神持续外化为法权、道德和伦理时又不断回复自身。这三个环节有机统一的产物,就是呈现为艺术、宗教和哲学三种形式并且拥有至高无上位置的绝对精神。

马克思哲学是后黑格尔哲学的典型。建构马克思精神理论,也应该基于后黑格尔的逻辑起点,而不能退却到前康德式的诸种解释方式之中。概言之,其一,黑格尔突破了康德"先验—超验"精神观,并扬弃了费希特的"绝对自我意识"和谢林的"客观精神",开辟出一条精神深入现实的哲学道路。马克思扬弃了黑格尔的概念辩证法和费尔巴哈的人本唯物主义,立足实践并着眼于在批判和改造世界中实现精神与现实的和解。其二,从《精神现象学》到《精神哲学》,黑格尔从精神现象、意识经验中,捕捉到由抽象范畴及其辩证关系构成的内在逻辑,并以"精神外化"为核心构建了系统严谨的分析框架。从《共产党宣言》到《资本论》,马克思在"实践内化"的基础上重视精神自由及其实现,在现实的社会历史进程中探索人的解放和自由全面发展。其三,黑格尔揭示了精神的逻辑在先,强调精神是现实的真理。马克思肯定了黑格尔的《精神现象学》"在许多方面提供了真实地评述人类关系的因素"②,但坚持实践在先且认为精神不可能离开现实而求得所谓的解放。其四,同样追求精神与现实的统一,但黑格尔认为这种统一应在"精神基地"中实现,并主要通过精神的外化和回归方式,即"依照思想,建筑现实"③。马克思则坚持"现实基础"上的统一,认为内在与外在"只

---

① 〔德〕黑格尔:《精神哲学》,杨祖陶译,人民出版社,2006,第20页。
② 《马克思恩格斯全集》第2卷,人民出版社,1957,第246页。
③ 〔德〕黑格尔:《历史哲学》,王造时译,商务印书馆,1936,第493页。

是在社会状态中才失去它们彼此间的对立"，消除这种对立"绝对不只是认识的任务，而是现实生活的任务"，"只有通过实践方式"才是可能的。①

从黑格尔到马克思，对精神的诸种外在反思，或试图依靠精神消融一切的形而上学冲动，都遭遇了沉重打击。何以安放精神？无论是依托理念世界的理性僭越，寄托于作为精神秩序守护者的上帝的信仰慰藉，还是唯物主义、自然主义和科学主义的机械式解决方案，都受到黑格尔哲学的系统批判。马克思精神理论扬弃了黑格尔的相关研究，并站到了一个新的起点之上。

第二节　以实践为基石的整体性框架中的精神存在及其发展脉络

在马克思那里，深入黑格尔精神理论汲取智慧滋养，并在批判的基础上开辟自己的精神研究道路，有着清晰的发展脉络。从家庭环境和中学教育来看，马克思青年时期对精神问题的认识，深受其具有理性主义和自由主义思想取向的父亲以及具有民主思想的中学老师们的影响。在中学毕业论文中，马克思追求人的完美实现："在选择职业时，我们应该遵循的主要指针是人类的幸福和我们自身的完美"，而"人们只有为同时代人的完美、为他们的幸福而工作，才能使自己也达到完美"。② 在大学阶段，马克思的思想中充盈着自我意识以及对精神自由的追求，这显然受到黑格尔"精神就是自我"原则的影响。高扬的主体意识贯穿于马克思献给燕妮的诗集中。博士论文中，马克思肯定了伊壁鸠鲁关于精神自由的主张："哲学研究的首要基础是勇敢的自由的精神"③。同时，受黑格尔关于自我意识是自我认知和他人承认相统一的观念影响，马克思积极追求精神的

---

① 《马克思恩格斯文集》第 1 卷，人民出版社，2009，第 192 页。
② 《马克思恩格斯全集》第 40 卷，人民出版社，1982，第 7 页。
③ 《马克思恩格斯全集》第 40 卷，人民出版社，1982，第 112 页。

实现:"一个本身自由的理论精神变成实践的力量,并且作为一种意志走出阿门塞斯的阴影王国,转而面向那存在于理论精神之外的世俗的现实"①。

当理性的精神自由屡次碰撞现实的物质利益时,马克思批判异化存在状态以坚守人的本真存在。在《莱茵报》时期,马克思用赞美性的语言描绘和阐释"精神":精神是"世界上最丰富的东西","精神的最主要的表现形式是欢乐、光明","精神的实质就是真理本身"②,而"自由是全部精神存在的类的本质"③。在人与人的关系上,马克思注重人的精神性社会关系,重视宗教、政治、科学等"人的理论生活"④,认为在法律规范中"自由的存在"具有"普遍的、理论的、不取决于个别人的任性的性质"⑤,而国家自然应该是理性的产物并代表普遍性。然而,在现实中,法律维护着等级制和私人利益,理性主义国家观和精神自由无法彰显。受黑格尔"精神的本质即自由"的理念影响,马克思坚持"哲学的世界化"和"哲学的现实化",批判应该的东西不现实和现实的东西不应该。在此过程中,安于内在本质还是着眼于现实利益,依据什么标准评论摘录的经济学笔记,私有制与人的解放的矛盾,费尔巴哈的人本主义、黑格尔的精神现象学和现实的异化存在之间的错综勾连,等等,这些深层次的矛盾推动着马克思持续深入探索精神存在及其实现方式。

在经济研究中重新反思"精神"的位置及其功能后,马克思深入批判了追求精神的抽象统治的诸种形式,并系统批判了把思想同现实的人及其生存发展条件隔离开,仅仅着眼于思想之间的神秘联系,进而放纵思辨任性奔驰的解释方式。离开实践,不可能存在属人的精神世界,"精神"被合理地安排到"关于现实的人及其历史

---

① 《马克思恩格斯全集》第40卷,人民出版社,1982,第258页。
② 《马克思恩格斯全集》第1卷,人民出版社,1956,第7页。
③ 《马克思恩格斯全集》第1卷,人民出版社,1956,第67页。
④ 《马克思恩格斯全集》第1卷,人民出版社,1956,第416页。
⑤ 《马克思恩格斯全集》第1卷,人民出版社,1956,第71页。

发展的科学"① 之中。随后，马克思从多个维度阐释了精神的受动性，作出"'精神'从一开始就很倒霉，受到物质的'纠缠'"②，"物质生活的生产方式制约着整个社会生活、政治生活和精神生活的过程"③ 等一系列论断。当然，在明确了"现实"对于"精神"的"纠缠"和"制约"之后，马克思并没有忽视精神力量和精神需要的重要性，既肯定性地提出"工人必须有时间满足精神需要"④，又指出"选举促进了精神力量的觉醒"⑤，并揭示了"物质暴力对精神力量的迫不得已的重视"⑥。值得进一步指出的是，马克思在把精神存在及其发展牢固地置于实践基础之上，并在具体的社会历史过程中考察精神力量及其实现的同时，没有满足于笼统描述客观存在和主观存在之间的决定性作用与反作用，而是具体区分了精神的不同层次及其与现实存在的多重关联。

其一，感觉、意识、观念、思维等感性因素和认知性因素及其载体"范畴"，适应于实践活动和现实世界及其历史发展。在"感觉"层面，人的感觉同人的本质和自然界的本质的"全部丰富性"相适应，社会"创造着具有丰富的、全面而深刻的感觉的人"⑦；在"意识"层面，自然存在物"是人的意识的一部分，是人的精神的无机界"⑧，意识是"被意识到了的存在"⑨，其一切形式和产物的改变，都离不开"现实的社会关系"的改造⑩；在"观念"层面，"不是从观念出发来解释实践，而是从物质实践出发来解释各种观念形态"⑪；思维是人们物质关系的"直接产物"，并随着现实的改变而

① 《马克思恩格斯文集》第 4 卷，人民出版社，2009，第 295 页。
② 《马克思恩格斯选集》第 1 卷，人民出版社，2012，第 161 页。
③ 《马克思恩格斯全集》第 31 卷，人民出版社，1998，第 412 页。
④ 《马克思恩格斯全集》第 44 卷，人民出版社，2001，第 269 页。
⑤ 《马克思恩格斯全集》第 16 卷，人民出版社，1964，第 424 页。
⑥ 《马克思恩格斯全集》第 18 卷，人民出版社，1964，第 147 页。
⑦ 《马克思恩格斯文集》第 1 卷，人民出版社，2009，第 192 页。
⑧ 《马克思恩格斯文集》第 1 卷，人民出版社，2009，第 161 页。
⑨ 《马克思恩格斯文集》第 1 卷，人民出版社，2009，第 525 页。
⑩ 《马克思恩格斯文集》第 1 卷，人民出版社，2009，第 544 页。
⑪ 《马克思恩格斯文集》第 1 卷，人民出版社，2009，第 544 页。

改变①；范畴是"社会关系的抽象的、观念的表现"和"历史的和暂时的产物"②，如"经济范畴"就只不过是"生产方面社会关系的理论表现，即其抽象"③。总体而言，"精神上的现实丰富性"取决于"现实关系的丰富性"④。内在精神世界的感性因素和认知性因素呈现出明显的受动性和被动性。

其二，情感、目的、意志、觉悟等动力性精神因素，具有明显的相对独立性与反作用，彰显着人的尊严和主体性地位。马克思把情感因素提升到人之本质性力量的高度，认为"激情、热情是人强烈追求自己的对象的本质力量"⑤。"目的"在人的活动中的地位与作用更是不言而喻，"历史不过是追求着自己目的的人的活动而已"⑥。在劳动过程中，劳动者"在自然物中实现自己的目的"，并且这个目的"是作为规律决定着他的活动的方式和方法的"。"意志"也是劳动过程中不可或缺的："除了从事劳动的那些器官紧张之外，在整个劳动时间内还需要有作为注意力表现出来的有目的的意志"，而且"劳动的内容及其方式和方法越是不能吸引劳动者，劳动者越是不能把劳动当作他自己体力和智力的活动来享受，就越需要这种意志"⑦。"共产主义意识"和"共产主义觉悟"发挥着重要的历史作用。无产阶级中"产生出必须实行彻底革命的意识，即共产主义的意识"⑧，基于此的"共产主义觉悟"是"资本主义生产方式的产物"，也是"为这种生产方式送葬的丧钟"⑨。

其三，对象性的存在与人的内在本质力量互相依存。在透视"对象性的存在"和"对象性活动"的过程中，马克思深入揭示了

① 《马克思恩格斯全集》第 3 卷，人民出版社，1960，第 29 页。
② 《马克思恩格斯全集》第 27 卷，人民出版社，1972，第 484 页。
③ 《马克思恩格斯全集》第 4 卷，人民出版社，1958，第 143 页。
④ 《马克思恩格斯文集》第 1 卷，人民出版社，2009，第 541 页。
⑤ 《马克思恩格斯全集》第 42 卷，人民出版社，1979，第 169 页。
⑥ 《马克思恩格斯文集》第 1 卷，人民出版社，2009，第 295 页。
⑦ 《马克思恩格斯全集》第 23 卷，人民出版社，1972，第 202 页。
⑧ 《马克思恩格斯选集》第 1 卷，人民出版社，2012，第 170 页。
⑨ 《马克思恩格斯全集》第 48 卷，人民出版社，1985，第 100 页。

对象和人的本质力量之间的关联及其转化。马克思说："工业的历史和工业的已经生成的对象性的存在，是一本打开了的关于人的本质力量的书。"① 一方面，对象的存在不能离开人的本质力量，对象之所以成为对象"取决于对象的性质以及与之相适应的本质力量的性质"②，我的对象"只能是我的一种本质力量的确证，就是说，它只能像我的本质力量作为一种主体能力自为地存在着那样才对我而存在"，任何一个对象"对我的意义（它只是对那个与它相适应的感觉来说才有意义）恰好都以我的感觉所及的程度为限"③；另一方面，人的本质规定中如果不包含对象性的东西就无法进行对象性活动，"它所以创造或设定对象，只是因为它是被对象设定的"④。

其四，"最高的精神生产"和"自由的精神生产"的不平衡性原理及其决定性作用。马克思把"生产"提升到本体性维度，认为"生产的一切时代有某些共同标志，共同规定"，生产就是这些时代"一个合理的抽象"⑤。其中，物质生产和精神生产是互相勾连缠绕而密不可分的。马克思深入阐释了物质生产与精神生产发展的不平衡性原理，确立了精神生产的相对独立性，这体现在关于"物质生产的发展例如同艺术发展的不平衡关系"⑥ 的系列论述中。针对资产者沉迷于物质财富的增加和古典政治经济学"以物质生产为中心，以精神生产为依附"的倾向，通过阐释"最高的精神生产"和"自由的精神生产"等，马克思高度肯定了精神生产的决定性地位及其作用。马克思批判了资产者忽视精神生产的最高价值："连最高的精神生产，也只是由于被描绘为、被错误地解释为物质财富的直接生产者，才得到承认，在资产者眼中才成为可以原谅的"⑦。马克思还区分了意识形态和精神生产，具体分析了"一定社会形态下自由的

---

① 《马克思恩格斯文集》第 1 卷，人民出版社，2009，第 192 页。
② 《马克思恩格斯文集》第 1 卷，人民出版社，2009，第 191 页。
③ 《马克思恩格斯文集》第 1 卷，人民出版社，2009，第 191 页。
④ 《马克思恩格斯文集》第 1 卷，人民出版社，2009，第 209 页。
⑤ 《马克思恩格斯文集》第 8 卷，人民出版社，2009，第 7 页。
⑥ 《马克思恩格斯文集》第 8 卷，人民出版社，2009，第 34 页。
⑦ 《马克思恩格斯全集》第 26 卷第 1 册，人民出版社，1972，第 298 页。

精神生产"①。物质生产的进步当然离不开精神生产的进步,一个生产部门的劳动生产力的发展"部分地又可以和精神生产领域内的进步,特别是和自然科学及其应用方面的进步联系在一起"②。马克思还用"社会的物质生产和精神生产的物质变换"③ 的经典论断,揭示了精神生产与物质生产之间互相勾连及其循环互动的关系。

第三节　历史延续性视角下人的解放和精神实现

　　已然安身于以实践为基石的整体性框架之中的精神存在,只能在现实的社会历史进程中追求自我实现。在既有的唯物史观研究框架中,受马克思擅长批判性论述和聚焦剖析资本主义生产方式及其内在矛盾的影响,物质生产及人的阶级属性突出呈现,而既是历史剧中人又是剧作者的"有精神的人"及其自我实现被相对遮蔽起来了。如果说黑格尔抽象设定了人的本质在于精神,精神的本质在于自由,并在剖析精神外化及其回归的过程中探索精神自由的实现,那么马克思则扬弃了黑格尔的精神实现观,在坚持实践内化的逻辑基础上探索人的自由发展和精神实现的历史延续性。马克思把人的解放事业置于"现实的人及其历史发展"之中,认为"'解放'是一种历史活动,不是思想活动,'解放'是由历史的关系,是由工业状况、商业状况、农业状况、交往状况促成的"④。人的解放过程,也是人的自我实现过程。马克思认为:"关于人的科学本身是人在实践上的自我实现的产物"⑤,而"无论利己主义还是自我牺牲,都是一定条件下个人自我实现的一种必要形式"⑥。下文做些简要分析。

---

① 《马克思恩格斯全集》第26卷第1册,人民出版社,1972,第296页。
② 《马克思恩格斯全集》第25卷,人民出版社,1974,第97页。
③ 《马克思恩格斯全集》第44卷,人民出版社,1982,第162页。
④ 《马克思恩格斯文集》第1卷,人民出版社,2009,第527页。
⑤ 《马克思恩格斯文集》第1卷,人民出版社,2009,第242页。
⑥ 《马克思恩格斯全集》第3卷,人民出版社,1960,第375页。

其一，主体驾驭力量的历史性延伸。生产力推动人类社会历史发展的进程，也是人能够驾驭的力量逐渐增强和个人才能不断提升的过程。在主要依靠自然力的传统社会，唯心主义抽象地发展了精神的能动方面。科技驱动下的现代化进程扩大了人能掌控的力量范围，却也出现了资本的负效应和劳动的异化。在现代工业生产中，外在目的"被看作自我实现，主体的对象化，也就是实在的自由"①，劳动本应成为"个人的自我实现"② 方式，然而资本主义分工的非自愿性使得"人本身的活动对人来说就成为一种异己的、同他对立的力量，这种力量压迫着人，而不是人驾驭着这种力量"③，工人在劳动中"耗费的力量越多"，创造出来"反对自身的、异己的对象世界的力量就越强大"，"内部世界就越贫乏"④。本该借助科技和工业化得以推进的精神实现过程，却结出了内在本质的"空虚化"这一苦果："在资产阶级经济以及与之相适应的生产时代中，人的内在本质的这种充分发挥，表现为完全的空虚化"⑤。历史总是延续性和开拓性的统一，资本主义的发展为社会主义的实现准备了条件，"当人认识到自己的'原有力量'并把这种力量组织成为社会力量因而不再把社会为量当做政治力量跟自己分开的时候"⑥，当人"摆脱种种民族局限和地域局限而同整个世界的生产（也同精神的生产）发生实际联系"，进而"获得利用全球的这种全面的生产（人们的创造）的能力"的时候，⑦ 人的自我实现就会迎来能够自主驾驭更大力量的新机遇。

其二，人之解放层次的范围拓展。没有"异化"性存在及其间展开的错综复杂的斗争，精神生命也会显得苍白乏味。在与宗教、

---

① 《马克思恩格斯全集》第30卷，人民出版社，1995，第615页。
② 《马克思恩格斯文集》第8卷，人民出版社，2009，第174页。
③ 《马克思恩格斯文集》第1卷，人民出版社，2009，第537页。
④ 〔德〕马克思：《1844年经济学哲学手稿》，人民出版社，2000，第52页。
⑤ 《马克思恩格斯全集》第30卷，人民出版社，1995，第480页。
⑥ 《马克思恩格斯全集》第1卷，人民出版社，1956，第443页。
⑦ 《马克思恩格斯文集》第1卷，人民出版社，2009，第541、541~542页。

政治、经济的关联或纠缠中，仍然不迷失精神的本质并积极探寻人的解放道路，是马克思精神理论的内在追求。"任何一种解放都是把人的世界和人的关系还给人自己"①，而且是"全面的归还"，当然"个人的全面性不是想象的或设想的全面性，而是他的现实关系和观念关系的全面性"②。其中，历史性发展的生产力从深层次上基本框定了每一时期能够取得自由的范围："人们每次都不是在他们关于人的理想所决定和所容许的范围之内，而是在现有的生产力所决定和所容许的范围之内取得自由的"③。

在马克思看来，传统形而上学作为"抽象的思想"对人的精神生活进行抽象的、虚假的统治。把"普遍"说成是统治的东西，并宣布为"永恒的规律"，这是"思辨哲学"的伎俩。马克思系统揭穿了"证明精神在历史上的最高统治（施蒂纳的教阶制）的全部戏法"，即把"占统治地位的思想同进行统治的个人分割开来"，确认"思想或幻想在历史上的统治"，再把相继出现的"这些思想看做是'概念的自我规定'"，并把"思维着的人""意识形态家""统治者"等视为"自我意识"或"概念"的代言人④。这种抽象的统治在古代表征为理念的僭妄，在中世纪则集中体现为宗教的精神性束缚和控制。在批判了"宗教、概念、普遍的东西统治着现存世界"⑤的荒谬之后，马克思把寻求解放的目光转向现实的物质关系，"个人现在受抽象统治……抽象或观念，无非是那些统治个人的物质关系的理论表现"⑥。在现实生活世界中，政治权力通过控制物质利益进而支配人，因而马克思高度肯定继宗教解放之后政治解放的重要性："政治解放一方面把人变成市民社会的成员，变成利己的、独立的个人，另一方面把人变成公民，变成法人"⑦。资产阶级政治革命一定

① 《马克思恩格斯全集》第 1 卷，人民出版社，1956，第 443 页。
② 《马克思恩格斯全集》第 46 卷（下），人民出版社，1980，第 36 页。
③ 《马克思恩格斯全集》第 3 卷，人民出版社，1960，第 507 页。
④ 《马克思恩格斯文集》第 1 卷，人民出版社，2009，第 551~554 页。
⑤ 《马克思恩格斯文集》第 1 卷，人民出版社，2009，第 515 页。
⑥ 《马克思恩格斯全集》第 46 卷（上），人民出版社，1979，第 111 页。
⑦ 《马克思恩格斯全集》第 1 卷，人民出版社，1956，第 443 页。

程度上发挥了政治解放的功能，但要把人从一切社会压迫中解放出来，还需要更根本的经济解放。

在资本主义时代，劳动者在经济上受劳动资料即生活源泉的垄断者的支配"是一切形式的奴役的基础，是一切社会贫困、精神沉沦和政治依附的基础"①。不仅工人的"精神的类能力""精神本质"遭遇异化，而且"精神空虚的资产者"的精神生活也为资本所统治，"为他们自己的肉体上和精神上的短视所奴役"②。因此，经济解放，是"工人获得精神解放的最首要的条件"③，是"伟大的目标，一切政治运动都应该作为手段服从于这一目标"④。基于此，马克思不像一些历史先贤那样主张依靠精神修养、境界提升或内在超越等摆脱物役进而追求精神自由，而是坚定主张通过改造现实的生产关系以实现人的经济解放，进而为精神解放准备最重要的物质条件。从诸种束缚中不断解放出来，人就能够以一种社会性的形式占有共同生产出来的财富和感性产品。在马克思那里，实现人的解放的理想社会形态即共产主义，就是"人向自身、也就是向社会的即合乎人性的人的复归"，是"自觉实现并在以往发展的全部财富的范围内实现的复归"⑤。在共产主义社会中，代替片面追求对物的占有与消费的物化生存的是，"为了人并且通过人对人的本质和人的生命、对象性的人和人的产品的感性的占有"，那时人将"以一种全面的方式，就是说，作为一个完整的人，占有自己的全面的本质"⑥。

当然，真正的精神自由及其实现，只能存在于必然性的彼岸："事实上，自由王国只是在必要性和外在目的规定要做的劳动终止的地方才开始；因而按照事物的本性来说，它存在于真正物质生产领

---

① 《马克思恩格斯文集》第 3 卷，人民出版社，2009，第 226 页。
② 《马克思恩格斯文集》第 9 卷，人民出版社，2009，第 309 页。
③ 《马克思恩格斯选集》第 3 卷，人民出版社，2012，第 198 页。
④ 《马克思恩格斯选集》第 3 卷，人民出版社，2012，第 171 页。
⑤ 《马克思恩格斯文集》第 1 卷，人民出版社，2009，第 185 页。
⑥ 《马克思恩格斯文集》第 1 卷，人民出版社，2009，第 189 页。

域的彼岸"①，"在这个必然王国的彼岸，作为目的本身的人类能力的发挥，真正的自由王国，就开始了"②。同时期的赫斯也追求"精神真正的历史"："精神的一切自我限制不过是人类将要超越的一个发展阶段。精神的真正的历史只是在一切自然的偶然性终止的时候，在精神自我发展的时候，在自我意识成熟和精神的活动明显地形成的时候才开始。这种智慧产生自由王国：我们正敲着它的大门"③。与马克思相比，由于缺乏对物质生产的深入考察和对人类解放层次的系统阐释，赫斯的论断只是显示了一种片面的深刻。阿伦特也注意到在马克思那里存在的"生产性的奴役和非生产性的自由的痛苦选择"④，却忽视了马克思逐层深入探索人的解放和精神实现的内在追求和价值取向。

其三，作为精神实现载体的自由时间的历史性延长。拥有自由时间的多少是衡量精神实现程度的重要尺度。马克思认为："整个人类的发展，就其超出对人的自然存在直接需要的发展来说，无非是对这种自由时间的运用，并且整个人类发展的前提就是把这种自由时间的运用作为必要的基础。"⑤ 人从被动性中解放出来，就有了自由活动的时间和空间。"时间实际上是人的积极存在，它不仅是人的生命的尺度，而且是人的发展的空间"⑥。在生产力落后的传统社会，人的自由时间绝对缺乏。机器化社会化大生产本来可以降低和减少体力劳动的强度和时间，但资本家对剩余价值的过度追求，压

① 《马克思恩格斯文集》第 7 卷，人民出版社，2009，第 928 页。在《共产党宣言》中，马克思恩格斯在系统阐释资产阶级的历史进步性作用时，没有肯定资产阶级在精神发展上的作用。在《资本论》中，马克思把真正的精神自由的实现置于物质生产领域的彼岸。尽管这不在马克思的著述中占据主要位置，研究方式自然也不同于把精神问题置于生理学基础之上的心理学，但是马克思的精神理论追求是深沉、内在且一以贯之的，已然沉淀和凝聚为马克思思想深处的一种情结。

② 《马克思恩格斯文集》第 7 卷，人民出版社，2009，第 929 页。

③ 〔德〕赫斯：《行动的哲学》，北京图书馆马列著作研究室编《马恩列斯研究资料汇编》，书目文献出版社，1982，第 444 页。

④ Hannah Arendt, *The Human Condition*, Chicago: University of Chicago Press, 1958, p. 105.

⑤ 《马克思恩格斯全集》第 47 卷，人民出版社，1979，第 216 页。

⑥ 《马克思恩格斯全集》第 47 卷，人民出版社，1979，第 532 页。

缩了工人的自由时间。工人在劳动中"不是感到幸福，而是感到不幸，不是自由地发挥自己的体力和智力，而是使自己的肉体受折磨、精神遭摧残"，工人"只有在劳动之外才感到自在，而在劳动中则感到不自在，他在不劳动时觉得舒畅，而在劳动时就觉得不舒畅"。[①]与此同时，精神的感觉"都被这一切感觉的单纯异化即拥有的感觉所代替"[②]，精神没有获得相应的丰富与发展。在取代资本主义的社会主义生产方式中，"个性得到自由发展，因此，并不是为了获得剩余劳动而缩减必要劳动时间，而是直接把社会必要劳动缩减到最低限度"，与此相适应，"由于给所有的人腾出了时间和创造了手段，个人会在艺术、科学等等方面得到发展"[③]。如此一来，历史就不是"作为'源于精神的精神'消融在'自我意识'中而告终"[④]，人能够以充足的自由时间为载体得到全面的自我实现。

其四，从虚假共同体到自由人联合体。人的自由发展离不开共同体，"只有在共同体中，个人才能获得全面发展其才能的手段"，也就是说，"只有在共同体中才可能有个人自由"[⑤]。由于自主活动和物质生产在传统社会是"分开的""由不同的人承担的"[⑥]，因而大量的下层劳动者"丧失了精神发展所必需的空间"[⑦]。在这种作为"一个阶级反对另一个阶级的联合"的虚假共同体中，统治阶级的自由发展建立在被统治阶级发展受限的基础之上，"个人自由只是对那些在统治阶级范围内发展的个人来说是存在的，他们之所以有个人自由，只是因为他们是这一阶级的个人"，而对于被统治的阶级来说，"它不仅是完全虚幻的共同体，而且是新的桎梏"[⑧]。马克思正是要深入揭示虚假共同体所立足的物质生产关系及其内在矛盾，进

① 《马克思恩格斯文集》第 1 卷，人民出版社，2009，第 159 页。
② 《马克思恩格斯文集》第 1 卷，人民出版社，2009，第 190 页。
③ 《马克思恩格斯全集》第 46 卷（下），人民出版社，1980，第 218~219 页。
④ 《马克思恩格斯文集》第 1 卷，人民出版社，2009，第 544 页。
⑤ 《马克思恩格斯文集》第 1 卷，人民出版社，2009，第 571 页。
⑥ 《马克思恩格斯文集》第 1 卷，人民出版社，2009，第 580 页。
⑦ 《马克思恩格斯全集》第 47 卷，人民出版社，1979，第 344 页。
⑧ 《马克思恩格斯文集》第 1 卷，人民出版社，2009，第 571 页。

而突破具有垄断性和剥削性的物化生存状态进入自由人联合体。

这种真正的共同体"是各个人的这样一种联合（自然是以当时发达的生产力为前提的），这种联合把个人的自由发展和运动的条件置于他们的控制之下"①，因此"各个人在自己的联合中并通过这种联合获得自己的自由"②。代替少数人得到自由发展的虚假共同体的，将是一切人都能自由全面发展和自我实现的自由人联合体。

第四节　实践哲学视野中的精神结构论

在马克思之前的精神理论研究中，依据对精神存在的静观、体验或逻辑分析，哲人们对精神世界进行了结构划分，典型的如柏拉图的理智、情感、欲望，又如康德的知、情、意。马克思的哲学革命，超越传统的理论哲学形态，建构了以生产劳动为中线的新型实践哲学。在以实践为人的存在方式和社会生活本质的哲学视野中，显然不能脱离实践活动而空谈精神存在及其结构。马克思提出，"整体，当它在头脑中作为思想整体而出现时，是思维着的头脑的产物，这个头脑用它所专有的方式掌握世界"。③ 这里所谓的专有的掌握世界的方式，紧紧围绕着实践而展开，是在实践中生成并随着实践水平的提高而不断优化的。那种简单机械地判定物质决定意识、实践决定认识而忽视它们之间的辩证关系的线性世界观和认识论，遮蔽了马克思批判"精神的贫困"和追求"精神的富有"的价值诉求。④

其一，受动性维度。改造世界首先要能够认识世界。在认识过程中，作为现实关系及其历史的产物，人的感觉、意识、观念、思维及其所运用的"范畴"等"精神上的现实丰富性"，取决于"现实关系的丰富性"。⑤ 内在精神世界的感性因素和认知性因素映照着

---

① 《马克思恩格斯文集》第 1 卷，人民出版社，2009，第 573 页。
② 《马克思恩格斯文集》第 1 卷，人民出版社，2009，第 571 页。
③ 《马克思恩格斯选集》第 2 卷，人民出版社，2012，第 701 页。
④ 参见《马克思恩格斯文集》第 1 卷，人民出版社，2009，第 192 页。
⑤ 《马克思恩格斯文集》第 1 卷，人民出版社，2009，第 541 页。

现实，呈现出明显的受动性和被动性。精神世界的受动性维度，为形成一幅与客观世界相对应的主观世界图景奠定了基础。指导主体行动的经验和见识来源并受制于外在。当然，其不是机械地受制于自然存在和僵化的现实，具体来说是受到实践水平的制约。注重从实践过程中的受动性维度考察内在精神世界，标识了马克思精神理论的实践唯物主义底色。

其二，能动性维度。实践观念的形成离不开能动性的精神维度。"劳动过程结束时得到的结果，在这个过程开始时就已经在劳动者的表象中存在着，即已经观念地存在着。"① 人善于用内在固有的尺度来衡量对象，并且懂得按照任何事物的尺度来进行生产。精神世界的能动性使人区别于完全受本能驱动的其他动物。马克思对内在精神世界能动性维度的关注，主要受到从康德到黑格尔的德国古典哲学传统的影响。在马克思那里，激情、目的、意志、觉悟、想象等精神因素，在实践中可以发挥内在驱动性作用，具有明显的相对独立性与反作用，彰显着人的自由、尊严及其主体性地位。当然，离开现实的实践活动，精神世界的能动性维度就无法真正显现。值得注意的是，实践还规制了精神能动性的限度。脱离实践水平及其现实条件的盲动，往往会给社会历史发展造成无法挽回的损失。

其三，超越性维度。创新性的实践离不开创造性和超越性的精神维度。无论是早期强调的人的本质在于自由自觉的活动、"人也按照美的规律来构造"，还是后来阐释的"最高的精神生产""自由的精神生产""自由个性""自由王国"，均彰显着马克思精神结构论中最有活力和张力的超越性维度。当然，这里所谓的超越性，不是完全脱离现实实践的妄想，而是源于实践活动却又批判和超越现实的维度，它和实践持续循环互动。马克思曾用"社会的物质生产和精神生产的物质变换"② 的经典论断，揭示了内在与外在之间相互推动、相互影响的关系。在《资本论》第 3 卷结尾部分，马克思前

① 《马克思恩格斯全集》第 23 卷，人民出版社，1972，第 202 页。
② 《马克思恩格斯全集》第 44 卷，人民出版社，1982，第 162 页。

瞻性地描述了建立于"必然王国"基础之上、存在于物质生产领域彼岸的"自由王国"。这里的"自由王国",既标示了最高的精神追求,又显示了一种不同于重复性实践的纯粹创新性活动。在自由王国中,"人们生活的中心由生物性物质需求为主,转变到以满足精神文化的需求为主,由消极地占有外部物质对象转变为非手段性的不是以物化为主的创造性活动"。①

马克思实践哲学视野中的精神结构三维度论,显然不同于对内在精神世界的其他诸种结构划分。在主体客体化和客体主体化相统一的实践过程中,内在与外在是相互沟通、相互塑造、相互作用和相互转化的。20世纪的相对论和量子力学突破了传统的认识论,揭示了观察系统的差异会导致主体对客体属性的不同认识,尤其是在微观领域不可能离开主客体的相互作用而简单区分主体的观测效应和客体的本来面目。马克思提出的对象性活动,从对象性角度考察内在世界和外在世界的关联,既是突破传统唯物论和唯心论对立的关键,也成为沟通实践哲学和精神理论的枢纽。"人不仅像在意识中那样在精神上使自己二重化,而且能动地、现实地使自己二重化,从而在他所创造的世界中直观自身。"② 从实践出发审视内在精神结构,马克思实际上完成了康德所批判的"知识遵照对象"和所要扭转为的"对象遵照认识"之间的统一。马克思在超越了费尔巴哈的感性直观式的对象性,将其提升至对象性活动的同时,也超越了黑格尔在精神基地上所实现的内外统一。

第五节　历史唯物主义论域中的精神解放论

人的解放和自由全面发展是马克思哲学的根本价值指向和深层文化精神。部分对马克思的人的解放理论的研究阐释主要停留在欲

① 张一兵:《马克思"必然王国"向"自由王国"转换的理论真谛》,《哲学研究》1994年第8期。
② 《马克思恩格斯文集》第1卷,人民出版社,2009,第163页。

望满足和公正分配的层次上。实际上，必然王国和自由王国的统一、自由人联合体和自由个性的统一，表明马克思所追求的是人的欲望解放和精神解放的统一。有了宗教解放、政治解放、经济解放和精神解放，人的解放才能真正实现。成为"全面的人""真正的人"，要"以一种全面的方式，就是说，作为一个总体的人，占有自己的全面的本质"。① 值得注意的是，单纯从能力发展、素质提升等角度把握马克思的精神解放理论显然是不够的。在历史唯物主义视域中，马克思不是要把一种具有固定本质的精神解放出来，而是从生成论的维度看待精神解放。历史条件不断变化，精神需求不断变化，精神解放要破除的束缚也在不断变化。

第一，从"精神实现"的理论逻辑到"精神解放"的实践逻辑。在黑格尔那里，"精神"概念的内涵极其丰富，它既是能动性的意识及其外化对象之间的对立统一，也是相互承认的自我意识之间的普遍性整体，包括意识之外化、扬弃、回复等诸多环节。黑格尔的精神理论，从精神出发，认为精神高于一切，通过精神改变和占有整个世界，进而追求精神的实现。精神内在性具有改变外在性的力量，这种改变也是主体在客体中实现自身的过程。黑格尔提出："整个历史进程是精神的一种连贯进程，整个历史无非是精神的实现过程。"② 在《精神理论》中，黑格尔以主观精神、客观精神和绝对精神建构了精神实现的全过程。实际上，这种所谓的精神实现，主要是通过概念辩证法在"逻辑"中实现。

不同于黑格尔把历史归结为精神，并认为历史是精神的剧本，通过在精神的运动与变化、外化与回归、异化与扬弃中探索精神实现的理路，马克思深入批判了被当作终极存在和超验本质的精神本体，以历史性的眼光关注精神存在的现实性，并在一定的社会制度和历史条件下追求精神解放。马克思在以实践为基石的历史唯物主

① 《马克思恩格斯全集》第3卷，人民出版社，2002，第303页。
② 〔德〕黑格尔：《世界史哲学讲演录（1822—1823）》，刘立群等译，商务印书馆，2015，第449页。

义论域中把握精神解放的现实逻辑，其出发点是实践基础上内在和外在的统一，形成了一种历史性、生成性的精神解放观。马克思明确把人的精神解放置于"现实的人及其历史发展"之中，认为"'解放'是一种历史活动，不是思想活动，'解放'是由历史的关系，是由工业状况、商业状况、农业状况、交往状况促成的"。①

从抽象思辨的思想王国转向现实的实践活动，马克思的精神解放论直面具体而鲜活的现实问题。"个人的全面性不是想象的或设想的全面性，而是他的现实关系和观念关系的全面性。"② 面对不合理的政治权力对人的控制，马克思肯定了政治解放的必要性。"政治解放一方面把人变成市民社会的成员，变成利己的、独立的个人，另一方面把人变成公民，变成法人。"③

第二，以历史性眼光审视德性、信仰、理性等精神追求。人类社会历史进程中沉淀下来不少精神文化成果，马克思在对它们的肯定的理解中同时包含着否定的理解。"道德、宗教、形而上学和其他意识形态"无法保留"独立性的外观"，那些"发展着自己的物质生产和物质交往的人们，在改变自己的这个现实的同时也改变着自己的思维和思维的产物"。④ 从凭借本能依赖自然、依附群体，到重视德性修养和宗教信仰，是人类精神的一次重要觉醒。马克思肯定了德性在精神生活中的地位，认为"道德的基础是人类精神的自律"。⑤ 同时，马克思反对所谓永恒的道德观念，因为人们总是"从他们进行生产和交换的经济关系中，获得自己的伦理观念"。⑥ 因此，"共产主义者根本不进行任何道德说教"，"共产主义者不向人们提出道德上的要求"，⑦ 共产主义者追求的是解放全人类这个最大最根本的道德。

---

① 《马克思恩格斯文集》第 1 卷，人民出版社，2009，第 527 页。
② 《马克思恩格斯全集》第 46 卷（下），人民出版社，1980，第 36 页。
③ 《马克思恩格斯全集》第 1 卷，人民出版社，1956，第 443 页。
④ 《马克思恩格斯文集》第 1 卷，人民出版社，2009，第 525 页。
⑤ 《马克思恩格斯全集》第 1 卷，人民出版社，1956，第 15 页。
⑥ 《马克思恩格斯选集》第 3 卷，人民出版社，2012，第 470 页。
⑦ 《马克思恩格斯全集》第 3 卷，人民出版社，1960，第 275 页。

"没有获得自己或是再度丧失了自己的人的自我意识和自我感觉"，① 马克思对宗教的这一界定，显然主要是从内在精神世界出发的。宗教信仰发挥着一定的情感慰藉作用，它是"被压迫生灵的叹息"和"无情世界的情感"，人们"以宗教为精神抚慰"。② 然而，宗教信仰的主要作用是消极的，它贬低了人的主体性和创造性。对此，马克思曾称宗教是"无精神活力的制度的精神"，③ 认为"对宗教的批判使人不抱幻想，使人能够作为不抱幻想而具有理智的人来思考，来行动，来建立自己的现实；使他能够围绕着自身和自己现实的太阳转动"。④

在现代化进程中，精神文化沿着理性和非理性两条道路开辟出不同的方向。其中，理性占据了精神王国的至高地位。理性仿佛成为可以审判一切的法庭。围绕物质需要的满足，以及应对可能由其引起的诸种对抗和纷争，现代社会形成了一套具有科学精神、法治意识和民主观念的现代制度及其意识形态。在现代人沉浸于合理地满足物质欲望时，马克思极具洞察力和历史性地提出，真正的精神自由，只能存在于必然性的彼岸："事实上，自由王国只是在必要性和外在目的规定要做的劳动终止的地方才开始；因而按照事物的本性来说，它存在于真正物质生产领域的彼岸"，"在这个必然王国的彼岸，作为目的本身的人类能力的发挥，真正的自由王国，就开始了"。⑤ 马克思深入具体的物质生产和社会关系，开辟了精神解放的现实路径。

第三，铺平走向精神解放的现实道路。面对资本逻辑与精神发展对抗的时代问题，马克思着重考察了精神解放的现实条件。首先是生产力与精神自由。基本欲望的满足，是人类生存和发展的前提。精神自由离不开高度发达的生产力。马克思曾谈到物质需求与精神

---

① 《马克思恩格斯全集》第 1 卷，人民出版社，1956，第 452 页。
② 《马克思恩格斯选集》第 1 卷，人民出版社，2012，第 2 页。
③ 《马克思恩格斯文集》第 1 卷，人民出版社，2009，第 4 页。
④ 《马克思恩格斯文集》第 1 卷，人民出版社，2009，第 4 页。
⑤ 《马克思恩格斯文集》第 7 卷，人民出版社，2009，第 928、929 页。

自由之间的关系，他明确批判了康德"把这个善良意志的实现以及它与个人的需要和欲望之间的协调都推到彼岸世界"，① 认为"人们每次都不是在他们关于人的理想所决定和所容许的范围之内，而是在现有的生产力所决定和所容许的范围之内取得自由的"。② 其次，社会关系与人的发展程度。马克思提出，"社会关系实际上决定着一个人能够发展到什么程度"。③ 精神的自由全面发展不可能脱离社会，对此马克思有一系列论断，如人的自由发展依赖人与人之间的联系、个人只有在共同体中才能获得全面发展、个人的联合和自由离不开真实的集体这个条件、集体的活动和集体的享受是表现自己和确证自己的活动和享受、一个人的全面发展主要涉及他的现实关系和观念关系的全面性等。最后，自由时间的运用是人类发展的重要条件。"时间实际上是人的积极存在，它不仅是人的生命的尺度，而且是人的发展的空间"，④ 马克思明确提出人类发展离不开自由时间的运用，"整个人类的发展，就其超出对人的自然存在直接需要的发展来说，无非是对这种自由时间的运用，并且整个人类发展的前提就是把这种自由时间的运用作为必要的基础"。⑤ 拥有可以自由控制的时间，"个人会在艺术、科学等等方面得到发展"。⑥

第六节　与中华文化的精神互鉴

在马克思本人那里，没有直接阐释精神理论的著述，相关的具有内在联系的论述散见于各处。在以实践为基石的历史唯物主义中马克思所开辟的精神研究理路，于后来者那里也在一定程度上被遮蔽起来。

---

① 《马克思恩格斯全集》第 3 卷，人民出版社，1960，第 212 页。
② 《马克思恩格斯全集》第 3 卷，人民出版社，1960，第 507 页。
③ 《马克思恩格斯全集》第 3 卷，人民出版社，1960，第 295 页。
④ 《马克思恩格斯全集》第 47 卷，人民出版社，1979，第 532 页。
⑤ 《马克思恩格斯全集》第 47 卷，人民出版社，1979，第 216 页。
⑥ 《马克思恩格斯全集》第 46 卷（下），人民出版社，1980，第 219 页。

西方马克思主义者注重文化批判，从精神文化维度对马克思哲学进行了一些阐释。在卢卡奇的"总体性"眼光中，人的意志和思想、客观性、历史环境等相互制约，构成社会生活的总体，他认为黑格尔留给马克思的最主要哲学遗产就是《精神现象学》中阐发的在历史过程中自我实现的主客同一性。卡尔·洛维特提出马克思的经济学是一个统摄经济存在和精神因素的辩证范畴。① 阿伦特也注意到在马克思那里存在的"生产性的奴役和非生产性的自由的痛苦选择"。② 弗洛姆甚至断言"马克思的目标是使人的精神上得到解放"。③ 然而，他们（包括马尔库塞）并没有深入挖掘马克思独特视角下和整体性框架中的精神文化资源，而主要是用西方哲学中的精神分析对马克思主义进行所谓的"补充"。

从恩格斯到列宁、斯大林，他们相对突出了马克思在系列论战中所展示的鲜明的实践唯物论立场。恩格斯对精神的受动性有较多的论述。此外，恩格斯也多次强调认识的反作用，尤其是他晚年所阐发的"历史合力论"，对精神的能动性进行了阐释。至于精神结构之中的超越性维度，恩格斯的关注和论述则比较少。对于马克思所强调的"对精神发展创造必要前提"，④ 列宁和斯大林在政治实践中显然主要抓住了"必要前提"这个方面，而对精神发展的关注不够。但列宁也认为，"只有马克思的哲学唯物主义，才给无产阶级指明了如何摆脱一切被压迫阶级至今深受其害的精神奴役的出路"。⑤ 列宁还注意到精神文化发展的渐进性，指出"文化任务的完成不可能像政治任务和军事任务那样迅速"。⑥

---

① Karl Lowith, *Marx Weber and Karl Marx*, translated by Hans Fantel, New York: Ggeorge Allen&Unwin (Publishers) Ltd., 1982, p. 68.

② Hannah Arendt, *The Human Condition*, Chicago: University of Chicago Press, 1958, p. 105.

③ 〔美〕弗洛姆：《马克思关于人的概念》，复旦大学哲学系现代西方哲学研究室编译《西方学者论〈1844 年经济学—哲学手稿〉》，复旦大学出版社，1983，第 22 页。

④ 《马克思恩格斯全集》第 47 卷，人民出版社，1979，第 427 页。

⑤ 《列宁选集》第 2 卷，人民出版社，1995，第 314 页。

⑥ 《列宁选集》第 4 卷，人民出版社，1995，第 591 页。

近代以来，中国知识分子在引进唯物史观时没有忽视精神的力量。然而，一些激进、非理性思潮的代表人物，对于马克思如何把精神问题置于实践维度和历史唯物主义框架之中，没有给予足够的思考，而是片面突出主观能动性，导致理论前进的道路上出现过一些曲折。对于中华文化和马克思主义文化的关系，以往的研究侧重从唯物论、辩证法、实践论、社会理想等维度，概述二者之间的一些契合之处。实际上，注重"心"之体验与精神修养，是中华文化的精华，这些内容能够在一定层次上充实和丰富历史唯物主义论域中的精神结构论和精神解放论。当然，不把精神问题放在以实践为基石的历史唯物主义框架之中，就容易脱离整体性和科学性而片面拔高精神或者沉溺于精神上的自我陶醉。把马克思的精神理论与中华文化的精神智慧互相参照，可以成为推进马克思主义中国化和中华文化现代转化的一个新的结合点。

在精神问题上，中华文化和马克思主义有关理论是能够和而不同、相互促进的。一方面，二者具有相似性，如在倾向上，都强调对"役于物"的批判，重视人的精神发展；在方法上，无论是在事上修炼，还是在实践中改造，都强调精神与现实的结合；在目标上，马克思所追求的人与自然之间、人与人之间的矛盾真正解决的共产主义，与中华文化追求的天人合一境界，尽管存在基于农业时代还是大工业时代的差异，但其所具有的相似性却清晰可见。

另一方面，二者在重视科学性和注重修养上具有互补性。历史唯物主义从来没有否认社会历史发展中的精神动力及其巨大的能动作用。然而，如果无视历史唯物主义基本原理，把精神动力当作最终或最高原因，无限夸大其能动作用，就有可能陷入历史唯心主义。把精神结构和精神解放问题放在实践中进行审视和考察，比脱离社会历史条件而沉醉于个人体验式的精神追求，显然更为合理。在这个方面，素来重视德性的中华文化需要多浸润现代科学精神。与此同时，中华文化注重以内敛方式寻求人生意义的安顿，追求以道德修养达到人与天地万物本来一体的精神境界，尤其是在方法上强调精神自足，包括对非理性的关注，对体验、悟性的重视，这有利于人在尊严和精神上真正"立起来"。这里，马克思主义可以更多地借鉴中华文化，关注认识主体和实践主体的内在修养问题。当下，人们可以将马克思开辟的精神理论道路和中华文化重视精神修养的内向性传统结合起来以共同应对现代性的精神困境。

第七章　马克思的精神生产论及其当代性

在马克思那里，物质生产和精神生产协调发展是物质生产和精神生产相辅相成的一种良性运转态势。物质形态产品的生产和观念形态产品的生产"分则两害，合则两利"。深入探索物质生产和精神生产协调发展的基本条件和具体环节，对于推动物质文明和精神文明协调发展具有重要意义。物质生产和精神生产是创造物质文明和精神文明的动态过程。推动物质文明和精神文明协调发展，是以中国方式实现现代化的一个重要课题。

第一节　物质生产和精神生产的
"中心-依附"论批判

物质生产是人类社会生存和发展的基石，精神生产是人类特有的生产形式。作为马克思精神生产理论主要来源的古典政治经济学和德国古典哲学，围绕着以物质生产为中心还是以精神生产为中心，有着相异的倾向和观点。

古典政治经济学家普遍重视物质生产，并把精神生产作为增加物质财富的原因。亚当·斯密依据能否增加价值把劳动区分为"生产劳动和非生产劳动"，他认为："有些社会上等阶级人士的劳动，和家仆的劳动一样，不生产价值，既不固定或实现在耐久物品或可出卖的商品上，亦不能保藏起来供日后雇用等量劳动之用。……在这一类中，当然包含着各种职业，有些是很尊贵很重要的，有些却可以说是最不重要的。前者如牧师、律师、医师、文人；后者如演员、歌手、舞蹈家。"①

这里，斯密显然是把精神生产归于不能增加物品价值的"非生产劳动"，并且极度轻视不能生产价值的如演员、歌手、舞蹈家等"最不重要"的职业。对此，马克思曾揭示斯密关于精神生产研究的不足之处："在精神生产中，表现为生产劳动的是另一种劳动，但斯密没有考察它。"② 在斯密之后，李斯特最早开始使用"精神生产"的概念代替"非生产性劳动"，只是与斯密一样，他依然过于重视物质生产，强调把精神生产作为影响物质财富增加的原因："精神生产者的任务在于促进道德、宗教、文化和知识，在于扩大自由权，提高政治制度的完善程度，在于对内巩固人身和财产安全，对外巩固国家的独立主权；它们在这方面的成就愈大，物质财富的产量愈大。"③ 对于古典政治经济学往往从为物质生产和物质财富服务的角度来理解精神生产的倾向，马克思用一系列具体的论述深刻地阐释和说明了这个问题："连最高的精神生产，也只是由于被描绘为、被错误地解释为物质财富的直接生产者，才得到承认，在资产者眼中才成为可以原谅的"；"连那些同财富的生产毫不相干的职能和活动，也加以承认，而且他们之所以加以承认，是因为这些活动会'间接地'使他们的财富增加等等，总之会执行一种对财富'有用的'职能"；"非生产人员消费大量产品完全是理所当然的，因为非生产消费者象工人一样能促进财富的生产，不过是以自己特殊的方式罢了"。④ 当时过于追求物质财富和急于进行资本积累的社会现实，影响着古典政治经济学家的研究热点和理论倾向。

---

① 〔英〕亚当·斯密：《国民财富的性质和原因的研究》，郭大力、王亚南译，商务印书馆，1972，第304页。
② 《马克思恩格斯全集》第26卷第1册，人民出版社，1972，第295页。
③ 〔德〕弗里德里希·李斯特：《政治经济学的国民体系》，陈万煦译，商务印书馆，1961，第140页。
④ 《马克思恩格斯全集》第26卷第1册，人民出版社，1972，第298、300、303页。

　　针对资产者只顾物质财富的增加和古典政治经济学"以物质生产为中心，以精神生产为依附"的倾向，马克思在强调物质生产的基础性地位的同时，既指出精神生产尤其是科学技术的发展对于物质生产有巨大推动作用，也通过"自由的自觉的活动"、"人的自由全面发展"、"最高的精神生产"、"自由的精神生产"、自由王国"存在于真正物质生产领域的彼岸"等表述，高度肯定了精神生产的相对独立性及其地位和作用。

　　德国古典哲学注重人的精神性存在和发展，强调精神生产和精神活动的"提升主体性"作用，甚至只承认抽象的精神劳动。康德在考察人的精神世界的三大领域时强调主体的能动性、意志自由和先验自我的构造方式；费希特以"自我设定自身和非我"的命题凸显精神性主体的本体论地位；谢林沿着康德的哲学道路，把人类精神活动分为理论活动、实践活动和艺术活动三大部分；黑格尔的一系列论断，如"依照思想，建筑现实""理性统治世界""思想应该统治精神的现实"等①，更是突出强调了思想和理性高于物质和现实以及精神生产和精神活动重于物质生产和物质活动的主题。对此，马克思曾一针见血地指出："黑格尔唯一知道并承认的劳动是抽象的精神的劳动。"② 对于德国古典哲学家"以精神生产为中心，以物质生产为依附"的倾向，马克思通过一系列论断，如现实的个人及其物质生活条件的生产是历史的现实前提、"支配着物质生产资料的阶级，同时也支配着精神生产资料"、"物质生活的生产方式制约着整个社会生活、政治生活和精神生活的过程"等，表达了应在物质生产和精神生产的基本关系之中来把握和理解精神生产的理论倾向。

　　在批判关于物质生产和精神生产关系的"中心-依附"论的过程中，马克思不仅深刻地揭示和反思了古典政治经济学家和德国古典哲学家的片面倾向和观点，而且从正面阐释了物质生产发展与精神生产发展的不平衡性原理。在这里，马克思先是具体阐释了"物

① 〔德〕黑格尔：《历史哲学》，王造时译，商务印书馆，1936，第493页。
② 《马克思恩格斯文集》第1卷，人民出版社，2009，第205页。

质生产的发展例如同艺术发展的不平衡关系"："关于艺术，大家知道，它的一定的繁盛时期决不是同社会的一般发展成比例的，因而也决不是同仿佛是社会组织的骨骼的物质基础的一般发展成比例的。"[①]也就是说，艺术的发展同物质基础的发展不成固定的比例。之后，马克思还以希腊艺术为例，具体说明物质生产不发达的时代，也可以有繁盛的精神生产，有可以作为"一种规范和高不可及的范本"和"显示出永久的魅力"的精神产品[②]。此外，马克思还指出了资本主义条件下物质生产同某些精神生产的"敌对"关系："资本主义生产就同某些精神生产部门如艺术和诗歌相敌对。"[③] 这种由直接作用于资本增殖而产生的所谓的"敌对"关系，也是物质生产发展与精神生产发展不平衡性关系的特殊表现形态。

　　总之，马克思对物质生产发展和精神生产发展的不平衡性关系的论述，有力地批判了不利于物质生产和精神生产协调发展的"中心-依附"论。值得注意的是，物质生产发展和精神生产发展之间的不平衡性以及下文所要阐释的物质生产与精神生产的差异性，也正是推动物质生产和精神生产协调发展的内在必要性所在，而物质生产和精神生产之间的紧密联系则是推动物质生产与精神生产协调发展的内在可能性所在。

第二节　物质生产和精神生产协调发展的基本条件

　　物质生产和精神生产的协调发展，以它们之间既有明显的差异又相互影响相互制约的关系为条件。作为自然性、社会性和精神性的统一，人既有物质需要也有精神需要。自然界不会自动满足人的需要，因此，人通过物质生产满足物质需要，通过精神生产满足精神需要。把精神生产和物质生产区别开来，是认识精神生产和物质

---

① 《马克思恩格斯文集》第 8 卷，人民出版社，2009，第 34 页。
② 《马克思恩格斯文集》第 8 卷，人民出版社，2009，第 35~36 页。
③ 《马克思恩格斯全集》第 26 卷第 1 册，人民出版社，1972，第 296 页。

生产及其关系的前提。比较精神生产与物质生产，主要有四条标准标示其差异性：一看以脑力劳动为主还是以体力劳动为主；二看加工对象主要是精神材料还是物质材料；三看产品的形态是观念形态还是物质形态；四看生产目的主要是满足人的精神需要还是物质需要。综合使用这四条标准，可以有效区分精神生产和物质生产，包括一些密切联系在一起的精神生产和物质生产过程。比如，自然科学工作者或社会科学工作者的思想理论，外化在他们写作的书里，再交由出版社批量印刷生产，然后读者可以购买阅读。在这个过程中，科学工作者研究思想理论并把它书写在纸上或输入电脑里，其间还要经过反复修改，这属于精神生产过程；当完成的书稿交给出版社，精神生产的产品具有了物质载体，出版社大量印制这个包裹着精神产品的物质外壳，然后流通部门发至全国各地书店，书店大量销售，这属于物质生产过程。

精神生产和物质生产的主体都是人，并且都是人在一定的社会历史形式下的生产。精神生产与物质生产可以互为内在环节，形成"你中有我，我中有你"的联系图景。马克思曾用"社会的物质生产和精神生产的物质变换"[①] 这样的经典论断来深刻揭示精神生产与物质生产的紧密联系。基于马克思的有关论述，物质生产与精神生产之间存在以下具体联系。

物质生产是精神生产的基础。不同于物质生产，精神生产不能直接满足人的生命和生存需要。因此，精神生产必然受到物质生产、社会分工、经济利益、社会历史条件等的制约。马克思从来源、性质、改造和历史演变四个维度，全面阐释了物质生产对精神生产的基础性作用。首先，从来源上看，马克思恩格斯认为："思想、观念、意识的生产最初是直接与人们的物质活动，与人们的物质交往，与现实生活的语言交织在一起的。观念、思维、人们的精神交往在这里还是人们物质关系的直接产物。表现在某一民族的政治、法律、

---

① 《马克思恩格斯全集》第44卷，人民出版社，1982，第162页。

道德、宗教、形而上学等的语言中的精神生产也是这样。"① 精神生产是物质生产的产物。其次，从性质上看，马克思认为："从物质生产的一定形式产生：第一，一定的社会结构；第二，人对自然的一定关系。人们的国家制度和人们的精神方式由这两者决定，因而人们的精神生产的性质也由这两者决定。"② 由物质生产产生的社会结构和人对自然的关系决定精神生产的性质。马克思恩格斯还指出："支配着物质生产资料的阶级，同时也支配着精神生产的资料，因此，那些没有精神生产资料的人的思想，一般地是受统治阶级支配的。"③ 支配着物质生产资料和精神生产资料的统治阶级，控制着没有精神生产资料的阶级的思想。再次，从改造上看，马克思恩格斯认为："思想的历史，岂不是证明，精神生产是随着物质生产的改造而改造的吗？"④ 物质生产的改造过程决定着精神生产的改造过程。最后，从历史演变来看，马克思认为："要研究精神生产和物质生产之间的联系，首先必须把这种物质生产本身不是当作一般范畴来考察，而是从一定的历史的形式来考察。例如，与资本主义生产方式相适应的精神生产，就和与中世纪生产方式相适应的精神生产不同。如果物质生产本身不从它的特殊的历史的形式来看，那就不可能理解与它相适应的精神生产的特征以及这两种生产的相互作用。"⑤ 物质生产历史形式的变化，决定着精神生产历史形式的变化。对此，马克思在批判施托尔希时还从反面论证了这一思想："因为施托尔希不是历史地考察物质生产本身，他把物质生产当作一般的物质财富的生产来考察，而不是当作这种生产的一定的、历史地发展的和特殊的形式来考察，所以他就失去了理解的基础，而只有在这种基础上，才能够既理解统治阶级的意识形态组成部分，也理解一定社会

---

① 《马克思恩格斯全集》第 3 卷，人民出版社，1960，第 29 页。
② 《马克思恩格斯全集》第 26 卷第 1 册，人民出版社，1972，第 296 页。
③ 《马克思恩格斯全集》第 3 卷，人民出版社，1960，第 52 页。
④ 《马克思恩格斯全集》第 4 卷，人民出版社，1958，第 488 页。
⑤ 《马克思恩格斯全集》第 26 卷第 1 册，人民出版社，1972，第 296 页。

形态下自由的精神生产。"①

　　精神生产制约和影响物质生产。精神生产和物质生产分工伊始，精神生产就对物质生产发挥明显的制约和影响作用。随着实践的发展和现代化的进程，社会对高质量的精神生产及其产品的需求也日益强烈。当今时代，知识和信息的作用、思想的力量和创新的驱动在经济社会发展中的贡献不断增强，精神生产的地位和作用也相应被提到很高的位置。具体而言，自然科学和技术领域的精神生产、社会科学和人文科学领域的精神生产、文艺娱乐领域的精神生产和教育领域的精神生产，从不同维度制约和影响着物质生产。其中，自然科学和技术领域的精神生产，对物质生产的作用最为直接也最为明显。科学技术是生产力的观念已经深入人心。马克思曾明确指出："一个生产部门，例如铁、煤、机器的生产或建筑业等等的劳动生产力的发展——这种发展部分地又可以和精神生产领域内的进步，特别是和自然科学及其应用方面的进步联系在一起。"② 自然科学家和技术专家生产的观念形态产品，往往能够极大地推动现有物质生产的发展，或者催生一个新的经济增长点。社会科学和人文科学领域的精神生产，通过研究生产过程中人与人的关系以及人与自身的关系，可以提高物质生产的效率、改善物质生产过程的管理和提升物质生产主体的能力素质和精神动力。文艺娱乐领域的精神生产，不仅可以直接带动与观念形态的产品相关的物质载体的生产，还可以提升劳动主体的情商和修养。教育领域的精神生产主要是教育者和受教育者之间知识、技术或能力的传递，这种精神产品的推广和普及自然有利于提高物质生产的整体水平。

第三节　物质生产和精神生产良性互动的具体环节

　　当代中国的精神文明建设，与物质文明的"高楼大厦"相比，

---

① 《马克思恩格斯全集》第 26 卷第 1 册，人民出版社，1972，第 296 页。
② 《马克思恩格斯全集》第 25 卷，人民出版社，1974，第 97 页。

有些"黯然失色"。因此，推动物质生产和精神生产在良性互动中协调发展的一个重要任务是提升精神生产的质量和水平。在现代化的进程中，物质生产的数量、速度和节奏发生了飞跃式的变化，精神生产的内容、形式和重要性也发生了较大的变化。受资本主义生产阶段的历史条件限制以及同历史唯心主义论战的需要，马克思一度过于强调物质生产对精神生产的决定性作用，而对精神生产独立性和重要性的认识相对不足。当今时代，信息、思想、文化等在推动经济社会发展中的地位和作用日益突出，我们理应改变单纯从历史唯物主义维度或认识论维度来理解物质生产与精神生产关系的传统马克思主义观，注重从马克思全面生产理论的维度来理解精神生产和物质生产的关系，以突出精神生产的时代地位与历史贡献。

探索物质生产和精神生产良性互动的协调发展机制，还应具体分析物质生产与精神生产协调发展的主体、方向、中介和动力机制等环节。首先，人是物质生产和精神生产的主体，人的体力劳动和脑力劳动是物质生产和精神生产的"主动轮"。物质生产和精神生产的目的也是满足人的物质需要和精神需要。因此，人是物质生产和精神生产协调发展的主体。其次，坚持物质生产和精神生产协调发展的社会主义方向。在我国，现阶段的生产力状况决定了应以物质生产资料和精神生产资料的公有制为主体，同时物质生产资料和精神生产资料的多种所有制共同发展。这是保障物质生产和精神生产协调发展的社会主义方向的所有制基础。再次，科学技术是促进物质生产和精神生产互相适应、互相配合的一个重要中介。这是因为，科学技术是提高物质生产力的高效手段，而精神生产是产生观念形态的科学产品的重点"实验室"。同时，精神生产力即精神生产能力本身的提高，离不开物质生产的支撑，也离不开科学知识的积累、科学的用脑习惯和科学的管理体制。最后，市场机制是物质生产和精神生产协调发展的动力驱动机制。马克思曾强调指出，在市场中"作为发达的生产要素"的货币，对于发展物质生产力和精神生产力具有主动性的作用：在"雇佣劳动存在的地方"，"货币不但决不会使社会形式瓦解，反而是社会形式发展的条件和发展一切生产力即物质生产力和精神生产力的主动轮"①。物质形态的产品和观念形态的产品，通过市场交换，在消费者的使用中实现各自的价值，体力劳动者和脑力劳动者也可以获得相应的报酬。其中，物质形态产品和观念形态产品的直接互换，更是可以有力地推动物质生产和精神生产协调发展。

　　还需要指出的是，观念形态的产品中有些不太适应市场需求。这些产品虽然无法直接作用于物质生产，不易商品化和带来资本增殖，也不适应市场机制，但是对于其他的精神生产可以产生一定的促进作用。对于这样的精神生产，国家应该给予支持，以推动整个精神生产力的提高。

　　应以历史的眼光来展望物质生产和精神生产良性互动的协调发展趋势。马克思曾从物质生产和精神生产的关系维度阐释必然王国向自由王国的过渡："事实上，自由王国只是在必要性和外在目的规定要做的劳动终止的地方才开始；因而按照事物的本性来说，它存在于真正物质生产领域的彼岸。……在这个必然王国的彼岸，作为目的本身的人类能力的发挥，真正的自由王国，就开始了。但是，这个自由王国只有建立在必然王国的基础上，才能繁荣起来。"② 在这里，物质生产和物质文明是基础。有了这个基础，才可以追求和建设人类能力充分发挥和一切人自由全面发展的自由王国。在这样的自由王国里，"存在于真正物质生产领域的彼岸"的自由的最高的精神生产和丰富的美好的精神生活，成为现实生活世界的重要组成部分，人开始向自己的本质回归并充分享受作为人的乐趣。这就是马克思所期望的物质生产和精神生产协调发展的历史趋势。

---

① 《马克思恩格斯全集》第 46 卷（上），人民出版社，1979，第 173 页。
② 《马克思恩格斯文集》第 7 卷，人民出版社，2009，第 928~929 页。

第八章 《共产党宣言》与共产党人的理想信念

作为共产党人第一个党纲的《共产党宣言》，是马克思恩格斯依据唯物史观，阐释资产阶级与无产阶级的产生和发展并探索其斗争结局的伟大著作。我们可以从《共产党宣言》中，寻找共产党人坚定理想信念的有力支撑。坚定理想信念之于中国共产党人至关重要。习近平总书记把这种重要性表述为"共产党人安身立命的根本"、精神上的"钙"、"政治灵魂"和"精神支柱"。不能因为走得太久，而忘了当初为什么而出发，这也是在170多年之后的今天，我们仍然需要重新阅读这本标志着马克思主义诞生的经典著作的一个重要缘由。

第一节 提供理论基础

正如《共产党宣言》所言，共产党人的理论原理，决不是以这个或那个世界改革家发明或发现的思想、原则为依据的。这些原理不过是现存的阶级斗争、我们眼前的历史运动的真实关系的一般表述。实际上，《共产党宣言》正是发源于实践的沃土之中，并自觉运用唯物史观的经典之作。问题是时代的声音。伟大的著作往往是直面时代问题，并能够作出符合时代需要和历史发展潮流的回答。作为共产党人第一个党纲的《共产党宣言》，是依据唯物史观，阐释资产阶级与无产阶级的产生和发展并探索其斗争结局的伟大著作。

运用唯物史观与阶级斗争的分析方法,马克思恩格斯简要介绍了传统社会的阶级斗争情况,分析了资产阶级的产生原因,阐发了资产阶级的积极作用,揭示了资本主义的危机,阐释了无产阶级的产生及其发展过程,指明了无产阶级的历史使命。这里,《共产党宣言》对于"资产阶级的灭亡和无产阶级的胜利是同样不可避免的"这一重要结论的论证,不是诉诸阶级情感或价值取向,而是运用唯物史观深入揭示资本主义社会运行的机制及其内在矛盾。

资本主义生产方式在推动社会历史发展的过程中,不可避免地遇到问题或危机。资本主义创造的强大的生产力,生产出丰富的产品,却因为人们的购买力不足,生产相对过剩,商业危机产生,而且这种商业危机每隔一段时间就会不可避免地爆发。这表明,资本主义社会所拥有的生产力已经不能再促进资产阶级所有制关系的发展了,资本主义的生产力和生产关系产生了强烈的冲突或者矛盾。资本主义发展过程中催发的矛盾,它自身已经无法解决了。更重要的是,资本主义社会还产生并且不断扩大和发展着自己的掘墓人——无产阶级。与同资产阶级对立的其他阶级相比,无产阶级是真正革命的阶级,这是因为,首先,其他阶级一般随着大工业的发展而日趋没落,无产阶级却是大工业本身的产物,它随着大工业的发展而不断发展壮大。其次,无产阶级一无所有。它失去了旧社会的生活条件,失去了财产,失去了任何民族性。再次,无产阶级没有什么自己的东西需要保护,只有废除全部现存的占有方式,摧毁至今保护和保障私有财产的一切,才能取得社会生产力,才能为自己的发展提供条件。最后,无产阶级的运动是绝大多数人的,是为绝大多数人谋利益的独立的运动。

理想高于现实,但不能脱离现实。在马克思恩格斯如此严密的实践发展分析和理论逻辑论证下,共产主义远大理想就有了深厚的实践源泉和坚实的理论基础。

第二节　输送智慧滋养

基于清醒的认知、坚定的认同、诚心的接受和自觉的践行，才能有坚定的理想信念。"两个不可避免"——资产阶级的灭亡和无产阶级的胜利是同样不可避免的，"两个最彻底的决裂"——共产主义革命就是同传统的所有制关系实行最彻底的决裂，毫不奇怪，它在自己的发展进程中要同传统的观念实行最彻底的决裂，"一切人的自由发展"——每个人的自由发展是一切人的自由发展的条件，共同构成《共产党宣言》的基本线索。透过具体结论而把握其基本内核，透过一定历史条件下的具体措施把握其基本原则，《共产党宣言》可以为今天的共产党人坚定理想信念输送源源不断的智慧滋养。

其一，关于"两个不可避免"。从深层来看，它蕴含着"凡是历史性产生的终将历史性地灭亡"的远见卓识；从现实来看，资本主义社会滋生社会主义因素，这体现在资本主义的税收调整、股份制、社会保障、国家福利等诸多方面；从条件来看，只有在资本主义社会发挥完其所能容纳的生产力，社会主义生产关系在资本主义社会内部完全成熟起来以后，"两个不可避免"才会实现。中国共产党历来高度重视以理想信念、思想路线和重点工作，来统领和推进我们的各项事业。马克思恩格斯对"两个不可避免"这一历史规律的揭示，为我们党提供了重要的理论支撑，也有利于培养共产党人的战略思维和历史眼光。

其二，关于"两个最彻底的决裂"。马克思恩格斯反对极少数资本家占有由大众劳动积累起来的资本，要求改变资本的占有形式，而不是彻底反对市场和资本；马克思恩格斯反对的是当资本主义私有制成为生产力的阻碍时，资产阶级仍然无视基本的历史事实，而一味维护资本主义私有制的狭隘观念；马克思恩格斯主张同资本主义所宣扬的拜金主义、利己主义、享乐主义等观念进行彻底的决裂，当然也包括同封建的传统观念如专制主义、特权主义、官僚主义等进行彻底的决裂。这里面蕴含的是辩证对待继承和发展，以及全面把握所有制和与其相适应的观念之间的关系等智慧。

其三，关于"一切人的自由发展"。这里体现出共产党人追求人的解放和自由发展的胸襟情怀，体现出共产党人勇于追求终极价值和最高理想的品格。冲破对神的崇拜和迷信，使宗教只发挥情感慰藉作用，不难做到；冲破对世袭的专制的权力的崇拜，破除对权力拥有者的人身崇拜，让权力在民主的轨道、良性的机制和法治的环境中运行，也能够成为共识；要破除对资本和金钱的崇拜，克服无穷无尽的物质欲望和贪念，实属不易。这样的气魄和胆识确实令人敬佩，这样的党性修养确实难能可贵并值得向往。

基于对"两个不可避免"的历史发展规律的把握，在历史条件具备时实行"两个最彻底的决裂"，并在此基础上追求"一切人的自由发展"的最高目标，如此洞穿历史的认知和正心诚意的认同，必然可以为共产党人坚定为人民服务的根本信念，提供源源不断的智慧滋养和精神动力。

第三节　激发精神力量

在《共产党宣言》中，马克思恩格斯高度肯定了资本主义文明的历史性贡献：推翻了腐朽僵化的封建制度，推动了工业化、市场化和城市化的进程，催发了充满生机的现代性制度，加速了世界历史进程，极大地解放和发展了社会生产力。我们发现，马克思恩格斯在揭示资本的历史性作用时，没有提到其对精神世界、精神生活和精神文化的积极作用。实际上，资本主义文明在推进精神文明建设方面确实存在严重的局限性。直到今天，资本逻辑也只是显示了它在物质文明建设方面的巨大成就。

在论及共产党人的本性时，马克思恩格斯提出共产党人没有任何同整个无产阶级的利益不同的利益，共产党人不仅强调和坚持整个无产阶级共同的不分民族的利益，而且始终代表整个运动的利益，在理论方面共产党人对无产阶级运动的条件、进程和一般结果具有充分的自觉。这样的共产党人，必然不仅需要具备把握规律的能力，而且需要不断提升自身的精神境界和精神追求。

马克思主义的真理性，不仅在于它对人类社会发展规律的深入探索和对人民大众意志的把握，而且在于马克思恩格斯在理论追求上总是充满着自我反省和自我革新的精神，能够不断地为自己的理论开辟新境界。马克思恩格斯的这种精神追求，也要求我们今天应立足当代世界与中国实际来解读《共产党宣言》。

《共产党宣言》内在蕴含的精神追求及其对于共产党人提升精神境界的要求，必然能够推动共产党人坚定对马克思主义的信仰、坚定对社会主义和共产主义的信念，以及坚定对中国特色社会主义共同理想的信仰，进而转化为坚实的行动。

现实篇 ————

第九章 历史唯物主义与中国式
现代化的"精神自我"

在历史唯物主义视域中，在推进中国式现代化中建设中华文明的"精神自我"，就是在增强中华儿女精神自觉与精神主体性的基础上，追求主体精神与共同体精神统一、科学精神与人文精神并举、传统精神与现代精神融通的精神文明指向，表达一种对于在民族复兴过程中能够发挥历史主动精神和彰显实践主体意识的"大精神""大我"的期待。从物质文明和制度文明奠定的基石、中国共产党和中国人民的主体担当，以及精神自立受到高度重视等维度来看，我们确实走进了一个应该且能够"精神上立起来"的新时代。中华优秀传统文化中精神修养的智慧滋养、马克思主义基本原理中精神解放的框架分析和党的创新理论中精神发展的高位导引及其结合，能够从根脉、魂脉和导引等方面塑造与引领中华儿女的精神主体性。从学术上研究与探讨精神本质、精神结构、精神发展和精神境界等基本问题，有利于培育与增强中华儿女的精神自觉。

中华文明何以昂首挺立于全球化时代的世界民族之林？中华儿女的精神自觉与精神主体性至关重要。在世界历史的长河中，回顾一些重大的历史变革、社会转型和文明形态更替，其间总是伴随着深刻的精神觉醒和精神重建。精神上立不起来，一种新型的文明形态便难以站稳并持续更新进而产生世界历史性影响。建设中华文明的"精神自我"，是增强精神自觉、精神自立、精神定力、精神主体性的铸魂工程，它可以为以全面深化改革推进中国式现代化凝聚精神动力，为构建中国特色哲学社会科学和中国自主知识体系奠定精神基石，为铸牢中华民族共同体意识提供精神家园，为实现中华民族伟大复兴贡献精神力量。

中华文明对于世界历史和人类社会的精神维度能够有什么样的贡献？"爱国""骨气"是中华传统文明的精神底色。理性精神、主体意识、科学民主法治思维等是现代文明的精神共识。在中国式现代化征程中建构"精神自我"，不是一味缅怀过往，也不能陷入精神陶醉，而需在内向的精神格局和外向的精神主动相统一中吸纳和消融人类一切先进的精神文明成果。所谓的"精神自我"反对把人仅仅理解为物欲的主体或者狭隘地局限于个体本位意识，也决不忽视每个人的精神自由发展之中包含着合理的物质欲望要求，它主要表现为对一种"大精神"①"大我"的期待。正在推进中国式现代化的中华儿女是这个"精神自我"的载体。从文明的物质层面（基础与条件）、制度层面（约束、规范与优化）和精神层面（自觉与主动）及其相互关联来看，建构新时代中华民族的"精神自我"，要求全体中华儿女在注重夯实和筑牢物质与制度基础之上，于深厚高远的精神境界之中发挥历史主动精神和彰显实践主体意识。

第一节 "历史·人心"：一个应该且能够
"精神上立起来"的新时代

回顾我们这个源远流长的传统文明的现代化征程，从"中国向

---

① 这里提出"大精神"以阐释"精神自我"，一方面是为了避免把"精神主体性"狭隘化地解读为"精神个体性"，强调主体精神与中华民族共同体精神的统一；另一方面是想要把中华儿女的"精神自觉"引向"民族精神自觉""中国精神自觉"，强调传统精神与现代精神的融通。建构中华文明的"精神自我"，既要突出每一个中国人精神上的独立自主和自我抉择，也要彰显中华儿女海纳百川、吸收融合的世界历史格局和天下情怀，这自然呼唤一种真正的"大精神"。对"大精神"的研究，自然不能离开外在世界谈内在精神，但也不应把外在（包括离精神很近的存在）直接等同于精神，而有些研究在这里会出现一些"过头"的话。

何处去"到"实现民族复兴"，从"现代化在中国"到"中国式现代化"，从"融入文明主流"到以"人类文明新形态"建设现代文明，一个泱泱大国的主体意识和自我觉醒日益成为新时代的最强音。透过历史把握中华民族的精神脉搏，1921 年以马克思列宁主义为理论武装的中国共产党的建立，引领中国人在精神上"由被动转入主动"[①]。1949 年"中国人民站起来了"。此后，历经改革开放前社会主义革命和建设，以及改革开放后的高速发展，我们走向如今实现"精神上的独立自主"[②] 的文化自觉。今天我们正在以中国式现代化和人类文明新形态建设现代文明，顺应历史潮流和人心所向主动建立"精神自我"，此谓"先立乎其大者"。

其一，物质文明和制度文明是精神文明的基础。"物质生活的生产方式制约着整个社会生活、政治生活和精神生活的过程。"[③] 有了物质文明和制度文明的坚实基础，精神上才能真正站得住立得稳。一般而言，从传统到现代的转型要经历三个阶段：第一个阶段是生产工具和生产生活方式的变革；第二个阶段是社会制度和诸种体制的定型；第三个阶段是思维方式和文化形态的更新，主要是民族精神的转变。从时间上来看，这三个阶段呈现出循序渐进的历史过程；从逻辑上看，这三个阶段往往表现为相互关联和彼此促进的不同维度。

回首中华民族的现代化进程，我们作为一个传统的农业文明，在面对现代的工业文明时，受尽了精神屈辱并饱尝了心理自卑，文化心理上存在"民族之悲"和"文明之危"。面对统一的精神空间破碎和中华民族的"精神低谷"，一大批仁人志士试图融合中西文明、创新中华文化和重构中华民族精神。然而缺乏现代文明的物质基础和制度支撑，在深层次的精神文化上就难以真正自立自强。尽管五千年的文明底气让我们始终难以忘怀（如 20 世纪 20 年代的

---

① 《毛泽东选集》第 4 卷，人民出版社，1991，第 1516 页。
② 习近平：《在文化传承发展座谈会上的讲话》，《求是》2023 年第 17 期。
③ 《马克思恩格斯选集》第 2 卷，人民出版社，2012，第 2 页。

"科玄论战"和20世纪90年代的"人文精神大讨论"都体现出类似的精神追求），但只有如今的新时代，我们才真正拥有了坚实的物质基础和坚定的制度自信，进而给原本就有的建设中华民族"精神自我"的心气加上了真实的能力。

其二，"精神自我"能否真正建设起来，关键在于是否拥有堪当重任的主体。"明体"方能"达用"。如今我们的"体"，就是从中国人民中走出来的中国共产党与中国共产党领导下的中国人民的统一体。中国共产党在建构现代文明过程中"百炼成钢"，铸就了百年成就，积累了百年经验，绘就了从作为精神之源的伟大建党精神到今天能赢得民心的自我革命精神的感人至深的精神画卷。中国人民具有伟大创造精神、伟大奋斗精神、伟大团结精神、伟大梦想精神等精神品质，既承载着传统的道德资源和中华文化基因，也作为实践主体建设着现代的物质文明和制度文明。

昔日，面对颇为吸引人心的佛教文化，以儒家为主体、以儒道法为互补结构的中华文化主体，通过消化吸收和融合运用而更新发展了自己，历经千年成就了能够标识中华民族精神高峰的宋明理学。今天，面对长期主宰世界的现代西方文明，有了中国人民这个主体，有了中国共产党这个主心骨，我们就有了消融西方文化而不丧失自我之"体"，能够像100多年来已经做过的那样，继续在现在和将来广泛吸收人类文明的一切优秀成果的过程中，再造中华民族的精神新高地。

其三，中华民族的精神自立能否塑造起来关系重大。精神层面的建设对物质与制度层面的建设有促进、约束功能。强大而深沉的精神力量不仅能够直接促进物质生产和社会制度的发展，而且可以使其发挥出更大更好的作用。"精神自我"立起来，中华民族之"体"将更加巩固。一个人有了精神格局才能扬起头颅，一个民族有了精神高度才能挺直脊梁。反过来，中华文明的"精神自我"立不起来，从民族性维度来看，就无法真正传承精神性的中华文明；从时代性维度来看，就难以有效消化现代文明的一切优秀成果；从物质文明、制度文明和精神文明的关联来看，就可能导致我们的物质建设和制度发展误入歧途甚至塌陷。一个人若失去自我意识与自我确认，就无法维持基本的生存和正常的生活。在推进中国式现代化的过程中，若缺失"精神自我"，进而丢失中华民族的自我意识与自我确认，就容易在失魂落魄中迷失方向甚至走向崩溃。

"精神是一个民族赖以长久生存的灵魂"①。历史证明，越是环境艰苦或者条件困难、外来压力大，越是需要激发认知主体和实践主体之精神的伟力。在中国历史发展进程中，中华民族的优秀传统精神彰显出一种促使动力、平衡、校正、弥补、优化等功能相互关联的人文精神力量，铸就了中华民族的生命力，使其虽历经千万艰险而始终能够倾而不颓、危而不溃，长久屹立于世界民族之林。在民族复兴和强国建设的关键时期，中华民族的"精神自我"必将能够发挥深厚、持久、深沉的重要作用。

第二节　"实践·精神"：为现代性的中国实践凝神铸魂

在中国式现代化实践中建设中华文明的"精神自我"，离不开循序渐进地培育和引导，落脚于中华儿女精神主体性的提升。若把建设中华文明的"精神自我"比喻为建设一座精神大厦，那么党的创新理论描绘了施工图纸，中国式现代化的实践成果浇筑地基，中国自主知识体系构成支柱，马克思主义基本原理和中华优秀传统文化相结合显示着格局、气派和灵魂。如果没有中国式现代化的实践基础和中国自主知识体系的思想支撑，中华文明的"精神自我"容易陷入妄自尊大的自我陶醉；如果没有马克思主义基本原理和中华优秀传统文化相结合的基因与血脉，中华文明的"精神自我"容易滑向妄自菲薄的精神误区。其中，坚持马克思主义基本原理与中华优秀传统文化相结合，以党的创新理论为导引，直接关系着建设中华

---

① 《习近平谈治国理政》第2卷，外文出版社，2017，第47~48页。

文明的精神指向。

首先，中华优秀传统文化中富含精神修养的智慧滋养。精神的发展一定程度上依赖深厚的本原意识和文化渊源。在重视心性修养、探索本体功夫、注重境界追求等方面，中华优秀传统文化这一根脉对于我们今天的"精神自我"建设可以发挥精神宝库的作用。

在作为中国传统文化主脉的儒家文化中，有关于心性本体及修养功夫的丰富内容，主要体现在"五经""四书"及对其不断转化和发展的"注""疏"等经典中。作为孔子思想核心的"仁"，本身彰显着一种精神层面的主动状态和奋斗姿态。在以孔孟为创发代表的儒家文化中，处处洋溢着注重道德境界和人格修养的情怀与追求。在外来的印度佛教文化哲学和本土道教文化哲学的刺激挑战下，以及社会价值理想与理论形态转型的时代背景下，宋明理学把原本主要限于伦理道德层次的正宗儒学的心性之学体系化，在处理道理与器物、本体与功夫、人性与本心等关系中形成了一套在东亚地区颇具影响力的儒家心学。在陆九渊的"收拾精神，自作主宰"和王阳明的"圣人之道，吾性自足"之中，我们可以体会到中国传统文化关于心性修养的精华。

从佛家的"万法唯识""心为法本""一心开二门"，道家的"心善渊""心斋"，以及儒家从孟子的"仁，人心也""尽心知性"到陆九渊、王阳明的心学体系，我们可以体会到儒释道在追求内在超越上有共同的文化旨归，在心性修养上有既互相契合又互相补充的精神取向。尤其是中国化的佛教文化，在结合儒家和道家的心学内容时，极为重视探索明心见性的精髓。宋明理学实现了三教合一，中国化的佛教文化则提出了三教同心说，认为三教以"不昧本心"为共同宗旨，以"直指本心"为修养的共同途径。在修养方法上，儒释道的探索各有特点又相互关联，如佛家的"戒""定""慧"、儒家的"克己""慎独""持敬"、道家的"道法自然""清静无为"等。在境界追求上，无论是儒家的天人合一，道家的"致虚极，守静笃"，还是佛家的"净土""涅槃"，都是需要通过极致的内在修养才能达到的精神境界。当然，再深厚的精神修养也无法直接创造经济效益，过于注重内在超越就容易重道德而轻法治。因此，要发挥中华优秀传统文化中的精神资源在现代的存在价值，就必须经过一定的转化与发展，需要"船"或"桥"。

其次，马克思主义基本原理中精神解放的框架分析。马克思主义基本原理这一魂脉为建设中华文明的"精神自我"提供了基本的框架，即以实践为基石的"辩证-历史-唯物"的分析框架。这个框架绝不排斥人的自由全面发展之中精神发展的重要性，而且精神解放这一深层的价值理想中蕴含着为精神修养奠定物质基础并提供社会条件的文化诉求。有了这个基本的分析框架，可以更好地把握心性修养的定位、整体性及其现实意义。

青年马克思就已思考过"精神原则和肉体原则"的关系问题。从《莱茵报》时期认为"精神"是"世界上最丰富的东西"①，到《资本论》时期探索"必然王国"和"自由王国"的关系及其飞跃，马克思始终关注人的解放及其自由全面发展之中的精神维度。在历史唯物主义创立和发展的过程中，我们既要看到马克思立足实践活动、社会关系和历史条件，对"观念决定论"和虚假性意识形态的彻底批判，也要注意到其深受德国古典哲学影响而始终高扬的主体性思想。实际上，马克思所坚持批判的是遮蔽现实物质利益与无视历史运行规律的具有虚假性的意识形态，而从来没有忽视或者无视与自然性、社会性相统一的人的精神性维度的重要性；马克思扬弃了以精神运行过程决定世界历史进程的黑格尔式的逻辑与原则，注重从实践活动和现实生活世界出发说明意识现象与精神存在。这体现在马克思关于激情和热情等情感的本质性力量、物质生产和精神生产的变换以及关于"最高的精神生产""自由的精神生产""精神生产力""自由个性""自由王国"等的一系列论断之中。

在马克思主义基本原理与中华优秀传统文化相结合的视域中，中华优秀传统文化中关于心性修养的精华，也是以人的解放及其自

---

① 《马克思恩格斯全集》第 1 卷，人民出版社，1956，第 7 页。

由全面发展为主题的马克思主义的题中应有之义。马克思主义基本原理中关于以实践为基石的“辩证-历史-唯物”的分析框架，为理解精神的本质、地位及其作用发挥提供了合理的支撑，既能够防止把精神作唯心主义式的无限拔高，也可以避免对精神作旧唯物主义式的机械理解。

最后，党的创新理论中精神发展的高位导引。作为集体智慧结晶的党的创新理论，对于建设中华文明的“精神自我”，既汇聚着“心往一处想，劲往一处使”的伟力，也发挥着自上而下的导引力。党的历代领导集体都高度重视中国人民的自由全面发展包括精神发展，依据不同时期的环境条件探索了各有特色的方法与途径。

以毛泽东同志为主要代表的中国共产党人，通过成功的革命实践使党确立了实事求是的思想路线和精神本色。毛泽东思想“活的灵魂”鲜明地体现着“精神主动”的标识，内在蕴含着“精神实现”的逻辑。在方法上，围绕建设社会主义一代新人的目标，注重“整顿”和“改造”。中国特色社会主义理论把“精神文明”提到极高的位置，内在蕴含着注重“精神修养”的逻辑，围绕着对社会主义市场经济的适应和为社会主义现代化建设提供精神动力与智力支持，在方法上突出“建设”，强调精神文明重在建设，建设贵在坚持。党的十八大以来，以习近平同志为核心的党中央在“又一次的思想解放”中彰显了“精神自主”的重要性，其中内在蕴含着“精神解放”的逻辑，在方法上注重“培育”和“发扬”，如培育和倡导社会主义核心价值观、发扬斗争精神等。尤其是习近平新时代中国特色社会主义思想的世界观与方法论的提出，使新时代的中国共产党人有了自己系统的世界观和方法论。这个世界观和方法论不仅解决了我们应该“怎么看”“怎么办”的根本问题，而且表明了中华民族的现时精神状态。这必将渗入并不断更新我们的民族精神，从深层次上发挥认识世界和改造世界的精神伟力。

从总体方向上看，中华文明的“精神自我”理应是主体精神与共同体精神的统一、科学精神与人文精神的并举、传统智慧与现代文明的融合。在党的创新理论中包含着的"精神主动""精神文明""精神自主"及其所蕴含的"精神实现""精神修养""精神解放"的逻辑，在精神文化导向上发挥着"拱心石"和"指南针"的作用。

第三节　"学术·话语"：走进精神的深处与走出现代性的精神困境

"精神自我"是人的精神世界的宿主，而相关的学术研究可以成为激发、引导和深化精神自觉的重要推动力。在现代化实践中追求人的自由全面发展，当然需要对精神存在及其运行机制和发展规律进行一定的研究。当前思想理论界在自觉建构中华民族的思想自我和学术自我时，理应让精神出场。从学术上研究精神问题，必然要尽可能掌握并充分吸收借鉴现有的各种资源及其成果。当然，正如柏罗丁解读柏拉图、迈蒙尼德解读亚里士多德、马克思解读黑格尔一样，我们对于精神领域的一系列基本问题的研究，理应提出具有新意并能产生影响的新话语。从世界现代化历程来看，西方资本逻辑主导的时代已然成为一个精神下降到有史以来最低水准的时期，基于生理基础和实验研究的现代心理学，以及西方一些人文思想家对其的批判与研究，难以有效应对当代难题。新时代的中国学术研究要敢于进行精神探险，擅于实现文化创获，为走出现代性的精神困境贡献思想的力量与学术的力量。精神研究领域的自主话语，是增强中华儿女精神自觉的"强心剂"。

第一，关于精神本质的问题。把研究对象从其他存在中划分出来是学术研究的基点。对于"精神"这个既丰富又复杂且具有无限性特征的存在进行定义，是极为困难的。这里依据精神这一概念在日常生活和学术研究中经常使用的情况，进行一个大致的界定：在广义上，精神和意识相当，对应于人的整个内在世界；在狭义上，精神涵盖着人的意识世界中基于本能的欲求以外的因素及其运行，主要呈现为在有限与无限、约束与自由、实然与应然、理性与信仰等一系列矛盾中既走向后者又不脱离前者的状态；在深义上，精神表征为一种"向上心"，集中体现为心灵深处"求真、向善、爱美"的追求。需要进一步指出的是，这里关于精神的三个界定是相互关联的，在现实生活中发挥作用时往往表现为一个整体，在学术研究和探讨中使用时经常交叉出现。实际上，从人的内在世界发出的任何需要都会以一种综合的形式表现出来，比如对于饮食这个最基本的生存需要来说，除非在饿极了的情况下，人不会像其他动物那样丧失一切精神的形式。

还需要强调的是，对精神不宜进行过于简单的定义，这既是缘于精神现象在每一个个体那里都有一些特性，不应该垄断对其进行体验与研究的真理标准，也是因为需要从深层次上诚敬于精神本身的生机活泼及其无限可能。在微观领域，量子力学的测不准原理表明，我们无法得知量子本身是什么样子。因为测量动作不可避免地搅扰了被测量粒子的运动状态，但又只有在观测时量子才会显现。在精神领域，对于精神存在及其运行的观察、体验和研究具有类似特征。在我们对"精神"进行研究时，话语不可避免地参与建构了精神的本质结构与运行机制，离开一定的话语形式（包括肢体语言、口头语言和书面语言）精神状态就无法呈现出来。需要注意的是，我们决不能垄断对最能彰显人之尊严的"精神"的话语阐释。关于精神本质问题的学术研究，既应该在精神定义上提供独到的研究和新颖的话语，又需要保持对精神现象进行研究的开放态度。中华文明的"精神自我"，在表达上需要中国自主话语体系，且这套话语体系极有可能为其他自主的话语体系奠定深厚而坚实的基础，同时我们也要注重与其他民族和国家的精神话语体系保持交流互鉴。

第二，关于精神结构的问题。依据我们可以观察、体验和把握到的诸多精神因素的性质及其运行的基本逻辑，对具有整体性的精神存在进行结构分析，能够为我们的研究真正走向精神的深处提供一个学术分析框架。笔者曾经尝试超越传统的"知情意"三分法，依据涵摄因素、遵循逻辑和适应原理的差异，提炼了一个关于人的内在精神世界结构的研究框架。欲求世界指向满足逻辑与苦乐原理；情感世界指向愉悦逻辑与爱憎原理；认知世界指向科学逻辑与真假原理；评价世界指向规范逻辑与应实原理；伦理世界指向德性逻辑与善恶原理；超验世界指向究极逻辑与虚实原理。[①] 现在看来，与前面四个维度相比，道德世界综合性较强，实际上可以从其他维度的结合中推演出来，如善恶原理与情感、评价等关联紧密。超验世界这个维度所涵盖的信仰因素，综合性也比较强，而其所涵盖的潜意识因素，在尚未转化为显意识之前不宜放入精神世界结构之中。经过简化以后，可将欲求、情感、认知、评价这四个最基本的维度作为人的精神世界的基本结构。精神世界的其他因素基本上可以划入这四个基本维度。这里所谓的满足、愉悦、科学、规范四个逻辑，主要涉及精神的运行机制。这里所谓的苦乐、爱憎、真假、应实四个原理，主要是从相应的精神维度的运行空间的两端界定其基本原则。作为学术研究框架，在提炼时理应尽可能接近精神的实际状态及其运转情况，但我们深知这种概括的难度及其局限性（尤其是在话语使用的精准性上），期待学术界有更多的关注与讨论，使得关于精神结构这一问题的研究能够持续优化并不断取得共识性的创见。

第三，关于精神发展的问题。精神是否、能否以及如何发展，是具有一定争议的问题。依据基本逻辑分析，我们可以把精神发展问题放在"内在""外在"这个大框架之中进行概括提炼，这样就有了精神修养（侧重于内在本身）、精神实现（侧重于由内而外）、精神解放（侧重于从外到内）三种精神发展的基本路向。从人类思想文化史中关于精神发展的相关资源来看，"中·西·马"分别在这三个路向上有独到的研究和经典的阐释。中华优秀传统文化在追求天人合一的最高境界中，对精神修养的本体和功夫有着深刻的体验与灵动的智慧。在德国古典哲学中，黑格尔对于在康德那里需要借助上帝存在、灵魂不朽和意志自由三大假设才能真正实现的精神自由进行扬弃，认为"精神实现自身的过程也就是通过把与其自由本

---

① 王海滨：《人的精神结构及其逻辑与原理》，《哲学动态》2015 年第 8 期。

质不相适合的现实改变为与之相适合的现实而实现其自由的过程"。① 在马克思主义基本原理中，生产力的发展、社会关系的变革、自由时间的运用等为人的精神解放及其自由发展提供了基本的条件。当然，这里决不能以精神修养、精神实现和精神解放这三种精神发展的基本路向简单对应"中·西·马"三大文化。中国传统文化中也有精神实现的追求，典型的如王阳明的"知行合一"；在西方宗教的仪式行为和组织制度的深处，也有着丰富的关于道德水平提升和精神修养的文化资源。

从精神发展的三个基本路向之间的关联来看，精神修养是基础，精神实现是目的，精神解放是条件。精神修养达到"圣贤"的程度，必然会追求在精神实现中通达能够超越主客矛盾的天人合一境界。在实践基础上通过精神实现创造的物质文化和制度文化，随着社会历史条件的发展，可能会成为人进一步自由全面发展的束缚，这必然需要在社会变革中不断实现精神解放。离开在追求人的精神解放中不断优化和完善的社会条件与历史环境，精神修养就会缺乏稳固而坚实的基础。从现有的文化生态比较来看，中国共产党领导下的外源后发赶超型中华文明，最有在现代化征程中实现精神修养、精神实现和精神解放三个基本路向整体性推进的文化优势。比起在传统社会或其他国家中，在推进中国式现代化的过程中，随着物质文明、制度文明和精神文明的不断优化，精神修养、精神实现和精神解放这三个基本路向能够更好地实现协调中发展与发展中完善的统一，进而对如何走出现代性精神困境这一时代难题给予最为深刻有力的回答。

第四，关于精神境界的问题。中华民族的精神境界能够在世界文明中展现中华文明的精神气度、精神格局、精神脊梁和精神高度。"精神境界说"是冯友兰在谈到哲学的作用时提出来的。他说："用中国一句老话说，哲学可以给人一个'安身立命之地'。就是说，哲

---

① 〔德〕黑格尔：《精神哲学》，杨祖陶译，人民出版社，2006，第11页。

学可以给人一种精神境界，人可以在其中'心安理得'地生活下去。他的生活可以是按部就班的和平，也可以是枪林弹雨的战斗。无论是在和风细雨之下，或是在惊涛骇浪之中，他都可以安然自若地生活下去。这就是他的'安身立命之地'。这个'地'就是人的精神境界。"① 精神境界，无论对于个人，还是对于国家、民族都极为重要。每一个中华儿女的精神境界，整合出中华民族的精神诉求，中华民族的精神境界也可以引领与提升中华儿女的精神追求。中华民族在走向现代文明的过程中，不可避免地会受到全球化时代背景抑或世界历史环境的影响，而中华民族的精神境界却可以先行达至真正的自由王国。

从关于精神境界问题的学术研究现状来看，研究中国传统文化和西方哲学文化的学者（如冯友兰、唐君毅、张世英等）提出了一些引起广泛关注的观点。依据马克思主义基本原理中以实践为基石的"辩证-历史-唯物"的分析框架，我们可以把精神境界置于"现代化·欲望·精神"这个基本架构下，研究当代人的精神境界对现代化的顺应与推动以及对欲望的主宰与规范等基本问题。这里以"实践广度"和"社会化程度"为尺度，把现代中国人的精神境界划分为三个层次。第一个是"欲望主导，精神制约"的层次。生存需求和发展诉求的满足是推动实践发展的一个基本动力，中华儿女合情合理合法的欲求应该得到尊重和保护，同时需要保持精神层面对现代化实践和物质欲望的自我反省与自我控制。这里主要涉及现代性的理性精神、主体精神、科学精神、民主精神和法治精神的培育与引导。第二个是"精神引导，欲望平衡"的层次。中华民族的价值取向历来反对个人本位、个人至上，注重团结统一、展现民族气节、集中力量办大事。当今世界的现代化进程依然是以民族国家为主体和载体的。这里主要涉及民族精神、道德境界和中国精神的滋养与倡导。第三个是"欲望推动，精神超越"的层次。中华文化的天下情怀注重通过文明互鉴与文化交往建构精神共同体。冯友兰

----

① 冯友兰：《中国哲学史新编》第 1 册，人民出版社，1982，第 27~28 页。

的"天地境界"、张世英的"审美的境界"以及费孝通"各美其美、美人之美，美美与共、天下大同"的文化关系原则之中，实际上都蕴含着天下一家、天下为公、天人合一的价值取向与境界追求。全球化是现代化征程中谁也无法阻挡的历史潮流。这里主要涉及世界眼光、天下精神和人类命运共同体理念的培养与增强。

第十章　历史唯物主义视域中的精神重建与中国现代性建构

从历史唯物主义的整体性眼光来审视，在"物的世界的增值同人的世界的贬值成正比"的残酷现实面前，现代性理论多副面孔的绚丽光彩，难以掩盖其"单向度"实践的黯淡。作为中国现代性建构题中应有之义的"精神重建"，依赖"平衡有余、动力不足"的传统文化、"批判有余、建设不足"的西方文化和"引领有余、整合不足"的马克思主义文化三大"文化生态"的不断优化。中国现代性是中国人民在现代化的征程中追求的根本目标，是以"中国方式"实现现代化的依据规范。中国现代性的建构，既不能偏离一般现代性的基本要求，又不可避免地带有一定的中国特征。作为后发外生型现代化的典型，中国现代性正处于生成之中。因此，我们无法清晰地描绘中国现代性的完整图景，还需要在既借鉴西方经验又结合中国实际的基础上进行不断的建构。在当前关于中国现代性建构的话语体系中，我们的理论研究较多地集中于现代性在科技、政治、经济和社会发展诸方面的体现，现代性的制度层面，以及文化层面上中国传统文化的现代转化等问题。对于作为中国现代性建构题中应有之义的精神重建问题，研究比较薄弱，缺乏系统深入且有影响力的成果。基于这种研究现状，这里集中探讨精神重建与中国现代性建构这一问题。

第一节　现代性的多副面孔及其"单向度"实践

当今时代，讨论与现实实践有关的问题无法绕开现代性这一理论话题。然而，当研究者一致热情地涌向现代性理论时，我们往往遗憾地看到其争论不休的多副面孔。有的学者从理性维度界定现代性，如贝斯特和凯尔纳就认为："从笛卡儿起，贯穿着整个启蒙运动及其后继者，所有关于现代性的理论话语都推崇理性，把它视为知识与社会进步的源泉，视为真理之所在和系统性知识之基础"①。有的学者从历史维度界定现代性，费瑟斯通曾指出："从 19 世纪末 20世纪初的德国社会学理论（目前，现代性这个词的许多意义都是从那里引申出来的）来看，现代性是与传统秩序相对比而言的，它指的是社会世界中进化式的经济与管理的理性化与分化过程。"② 哈贝马斯也认为："'现代'这一术语经常表示的就是一个时代概念，这个时代本身与古老的过去相关联，目的在于把自身看作是由旧到新转变的结果"③。有的学者从制度层面来界定现代性，如吉登斯、皮尔森就认为"必须从制度层面来理解现代性"④，它包括"（1）对世界的一系列态度、关于实现世界向人类干预所造成的转变开放的想法；（2）复杂的经济制度，特别是工业生产和市场经济；（3）一系列政治制度，包括民族国家和民主"⑤；还有的学者从文化维度界定现代性，如法国诗人波德莱尔对现代性的经典界说："现代性是短暂、瞬

---

① 〔美〕斯蒂文·贝斯特、〔美〕道格拉斯·凯尔纳：《后现代理论》，张志斌译，中央编译出版社，1999，第 3 页。

② 〔英〕迈克·费瑟斯通：《消费文化与后现代主义》，刘精明译，译林出版社，2000，第 4 页。

③ Jurgen Habermas, "Modernity—An Incomplete Project", in P. Rainbow and W. Sullivan, *Interpretive Social Science: A Second Look*, University of California Press, 1987, p. 142.

④ 〔英〕安东尼·吉登斯：《现代性与自我认同》，赵旭东、方文译，三联书店，1998，第 1 页。

⑤ 〔英〕安东尼·吉登斯、〔英〕克里斯多弗·皮尔森：《现代性——吉登斯访谈录》，尹宏毅译，新华出版社，2001，第 69 页。

时、偶然；它是艺术的一半，另一半则是永恒与不变。"① 卡林内斯库认为，美学现代性从文化上讲则是批判与自我批判的，它致力于对社会领域现代性的基本价值观念进行非神秘化。②

以上只是摘举了几个有代表性的观点。不同的学者在研究现代性理论时，往往都有自己对于现代性的定义。值得注意的是，在对现代性理论争论不休的过程中，越来越多的学者开始使用"多元现代性"来表征现代性的多副面孔。2000 年，美国文理科学院院刊《代达罗斯》出版了一期专集，集中探讨多元现代性问题。许多研究现代性问题的著名学者，如 S. N. 艾森斯塔特、威特洛克、杜维明等，针对普遍存在的尊崇西方式现代性的观点，深入探讨了多元现代性的可能性。其中，艾森斯塔特的观点具有一定的代表性，他认为："现代性的历史应当看成是多种多样的现代性文化方案和多种多样具有独特品质的制度模式不断发展和形成、建构和重新建构的过程。"③ 杜维明主要以"东亚现代性"为例主张现代性的多元性。他提出："儒家的东亚能在不彻底西化的情况下成功地实现现代化，清楚表明现代化可以有不同的文化形式。因此可以设想，东南亚可以实现它自己的现代化，既不是西方化的也不是东亚化的……没有理由怀疑拉丁美洲、中亚、非洲以及世界各地固有的传统都有发展的潜力，从而形成自己的有别于西方的现代性。"④ 此外，香港《二十一世纪》杂志 2001 年 8 月号也辟专栏，集中讨论多元现代性问题。在这些探讨中，尽管学界对于何谓现代性以及现代性究竟是趋一还是多样的仍然存在各种各样的争论，但大多数学者趋向于反思单一的西方式现代性，主张对现代性进行开放式的探索。

---

① 〔法〕波德莱尔：《波德莱尔美学论文选》，郭宏安译，人民文学出版社，1987，第 485 页。
② 〔美〕马泰·卡林内斯库：《现代性的五副面孔》，顾爱彬、李瑞华译，商务印书馆，2002，第 343 页。
③ 〔以〕S. N. 艾森斯塔特：《反思现代性》，旷新年、王爱松译，三联书店，2006，第 91 页。
④ 转引自林聚任《论多元现代性及其社会文化意义》，《文史哲》2008 年第 6 期。

与在理论探讨上呈现出多副面孔形成鲜明对照的是，在现代性的实践过程中，我们发现，物质文明的高速发展并没有相应地带来精神世界的丰富、精神生活的充实和精神文化的繁荣。马克思曾用"物的世界的增值同人的世界的贬值成正比"① "物质力量成为有智慧的生命，而人的生命则化为愚钝的物质力量"② 等论断，深刻地揭示了现代性实践的这种单向度发展。马尔库塞和弗洛姆也借助弗洛伊德的精神分析理论和马克思的历史唯物论，深刻揭示了现代化对人们的精神文化的冲击和对心灵生活的压抑，并从艺术审美和爱欲解放、社会改良和性格结构变革等不同维度，探寻如何破解现代性的精神萎缩困境。具体而言，现代性实践的"单向度"主要体现在：与意义失落、价值坍塌、信念缺失等精神文化的深层危机相对应的是，工具理性、消费主义、个人主义、功利主义、享乐主义等浅层文化颇为盛行；名、权、钱等外在性的东西成为衡量成功与否的主要标准；以人们花费在精神文化生活上的时间作为衡量标准，人们的精神文化生活质量呈现出明显的下降趋势；追求占有的物化生存方式成为世俗化时代的主流生活观念，精神文化的虚无主义取向兴起。

第二节　作为中国现代性建构题中
应有之义的"精神重建"

所谓精神重建，就是要求我们把理性的目光从科学世界、生活世界转向人的精神世界之后，综合考虑精神世界的诸多要素及其相互关系、运行机制，并以此为基础进一步划分人的内在精神结构，探寻其遵循的基本逻辑与适应的主要原理，进而在从传统向现代转化的视野中，梳理当代中国人的精神文化生活状态，反思其中存在的问题及与现代化不相适应的取向，在逐渐地把适应现代性的文化

① 《马克思恩格斯选集》第 1 卷，人民出版社，1995，第 40 页。
② 《马克思恩格斯选集》第 1 卷，人民出版社，1995，第 775 页。

因素融入人们的精神世界与精神生活的同时，也要坚守精神文化对于现代化进程的理性监督和文化纠偏功能，最终致力于建构与现代化良性互动的精神世界、精神生活和精神文化。[①] 这样的精神重建之所以成为中国现代性建构的题中应有之义，主要是因为以下四方面。

首先，西方现代性的"单向度"实践，启发我们的现代性建构决不能忽视精神重建这一维度。在西方现代性建构的现实中，物的增值与精神贬值并行不悖，这既违背了经济社会发展最终是为了人的自由全面发展的人本理念，也严重影响着现实生活世界中人们的生活质量与精神幸福。西方这种单向度的现代化发展模式启示我们，现代性建构必须坚持物质文明与精神文明并重。值得进一步指出的是，由于历史发展阶段的错位，西方思想理论家对于现代性的文化批判也不能为我们所直接借鉴。比如，在我们正需大力发展现代化的时期，西方一些思想家喊出了"历史步入后现代"的口号；当我们还需要继续深入地进行现代性精神启蒙的时候，西方一些理论家已经全面反思并系统批判了启蒙的诸种弊病；当我们的主体性建设方兴未艾且渐入佳境之际，现当代西方的人文主义思潮已经建立起"后主体性"的话语体系。因此，我们不能简单模仿西方的现代性建构及其现代性批判，而应把"精神重建"纳入我们的发展规划，坚持走兼顾物的发展与人的发展尤其是精神文化发展的中国式现代化道路。

其次，中国现代性建构过程中的赶超战略，挤压了精神重建问题。中国的现代化进程正式起步于1840年，鸦片战争的阵痛惊醒了传统农业文明大国世界中心的迷梦。在"重回中心"的民族意识支撑下的"赶超战略"，成为从康有为、孙中山到中国共产党人塑造中国现代性的重要选择。对中心地位丧失的痛心以及追赶西方的急切民族心态，使中国现代化征程中陆续出现的先进思想观念（从洋务

[①] 精神世界对应于物质世界，包括欲求、情感、认知、评价、伦理、超验六个维度；精神生活相当于心灵生活，主要包括理论活动、情感活动、道德活动和信仰活动；精神文化对应于物质文化，主要指精神生产过程及其外化成果。这里以"精神重建"涵摄并切入"精神"的三个维度。

派的"中体西用"、维新派的"君主立宪",到革命派的"民主共
和",再到五四人的"科学与民主")都没有能够通过深层的文化
启蒙逐渐渗入中国人的精神世界与精神文化之中。改革开放40多年
以来,在"时空压缩"及其催发的追赶心态影响下,我们过于追求
现代化"看得见的成果",与物质文明建设的"高楼大厦"相比,
我们的精神文明建设有些"人微言轻"。在这里,深受传统文化影
响、缺乏深层文化启蒙又遭遇现代性猛烈冲击的当代中国人的精神
世界与精神文化生活,成为当前中国进一步全面深化改革、继续推
进现代化的深层文化阻滞。

再次,中国现代性建构离不开人的现代化,而人的现代化离不
开精神重建。美国社会学家英格尔斯曾经指出:"一个国家只有当它
的人民是现代人,它的国民从心理和行为上都转变为现代的人格,
它的现代政治、经济和文化管理机构中的工作人员都获得了某种与
现代化发展相适应的现代性,这样的国家才可真正称之为现代化的
国家。否则,高速稳定的经济发展和有效的管理,都不会得以实现。
即使经济开始起飞,也不会持久。"① 在中国现代性建构的过程中,
如果人们的精神世界、精神生活和精神文化,始终深受传统文化因
素的影响,没有培育适应现代性的精神文化因子,没有实现现代化,
那就谈不上人的现代化,而离开中国人的现代化,中国的现代性建
构只能徒有现代化的外表,永远无法实现真正的现代化。

最后,精神重建能够助力中国现代性建构。这主要是因为:第
一,充盈着现代性因素能够适应现代化进程的精神世界,既不会滋
生抵制现代性的心理观念和价值取向,也能够避免"时空压缩"和
赶超心态易导致的偏重经济发展的"单向度"现代化模式;第二,
通过精神重建生成的综合型精神文化,兼具传统精神文化的积极因
素和现代精神文化的因子,能够与现实始终保持一定的间距,并通
过文化批判对现代化进程进行不断的纠偏,使其不至于误入歧途;

---

① 〔美〕英格尔斯:《人的现代化》,殷陆君编译,四川人民出版社,1985,第3～
4页。

第三，从传统精神生活到现代精神生活一般会经历这样的转变：欲望情感由禁欲、专一向感性、重占有、纵情倾斜，思维方式由固化、权威向流动、瞬间、当下转变，价值取向由超越、崇高向世俗、虚无位移。我们的精神重建如果能够兼收并蓄，建构出稳定性与流动性、科学性与价值性相统一，与现代化良性互动的精神文化，就能够为人类文明进程作出贡献，从而在现代性的精神文化发展领域拥有一定的话语权。

第三节　优化当代中国人精神重建的"文化生态"

精神重建依赖一定的现实环境和生活条件。比如劳动分工与社会分化、制度结构与规范体系、现代传媒与价值符号、生活世界与生存方式等，都影响着人们的精神世界、精神生活和精神文化。其中，作为"第二自然"的文化，对人的精神重建产生直接性和根本性的影响。在当代中国，作为民族性象征的传统文化，"西学东渐"以来传入的西方文化，以及新中国成立后开始成为国家意识形态的马克思主义文化，构成当代中国人现实生活世界中的三大文化生态。当代中国人的精神重建，主要依赖这三大文化生态的不断优化。

作为主流文化形态的马克思主义文化，以党的指导思想和国家层面的意识形态的形式，主导和引领着社会思想潮流。马克思主义文化既批判资本主义（反帝）又批判传统社会（反封建）的特征，符合当时处于半殖民地半封建社会的中国大众的呼声和需求；马克思主义主张超越资本主义的社会主义和共产主义，契合了曾经处于世界领先地位的中华民族不甘人后、喜欢领跑的"中心情结"；马克思主义唯物辩证的哲学方法、实用理性的思维方式、群体本位的价值取向，具有与中国传统文化相通的文化素质。马克思主义文化能够在中国传播和盛行的这些历史必然性和现实合理性，使其在中国一度发挥过文化启蒙的作用，并以强大的文化引领和整合作用成功地推动中国革命和建设的历史实践。然而，在当代中国由以革命为中心转向以建设为中心、由偏重经济发展到同时重视文化自觉和精神生活的过程中，尤其是对于当代中国人的精神重建来说，马克思主义文化整体上显得有些"引领有余、整合不足"。

作为大众文化形态的传统文化，主要存在于居住着中国大多数人口的广大农村地区及一些儒学知识分子中。基于农耕文明和封建社会的传统文化，不可避免地有着鲜明的保守主义和等级观念，但也蕴含着注重个体诚心正意和主体间人伦道德的积极因素，具有坚守生活的意义世界、整合价值取向、维持共同体和谐等作用，一定程度上可以有效地克服现代化进程中日益凸显的精神世界功利化和心灵秩序感性化等弊端。总体而言，对于当代中国人的精神重建来说，传统文化显得"平衡有余、动力不足"。也就是说，传统文化主张的仁者爱人、以礼待人等理念有助于平衡现代性的人际冲突，但是不太注重处理人与自然关系、坚守中庸之道等取向使其相对缺乏推动经济社会发展、实现现代化的精神动力。梁漱溟就揭示过中国传统文化的这种特征，他认为，"西方人生的路向"就是"奋力取得所要求的东西，设法满足他的要求；换一句话说就是奋斗的态度"；"中国人生的路向"是持中的路向，"遇到问题不去要求解决，改造局面，就在这种境地上求我自己的满足"，因此，如果说西方文化"以意欲向前要求为根本精神"，那么"中国文化以意欲自为、调和、持中为其根本精神"。① 葛兆光也曾概括过传统文化偏重处理人与人关系而相对忽视人与自然关系的特点："如果说西方民族习惯于将人与人、人与社会、人与自然、主体和客体对立起来，探索各种领域中纵向的逻辑关系，习惯于在类与种的基础上探索各种事物之间所有的层次关系，力求尽可能符合这种关系的客观秩序的话，那么，中华民族则习惯于把人与人（伦理）、人与社会（政治）、人与自然（科学）以及文学艺术等重叠起来，探索这里的横向的网状

---

① 梁漱溟：《东西文化及其哲学》，参见俞吾金、吴晓明主编《二十世纪哲学经典文本——中国哲学卷》，复旦大学出版社，1999，第457~458页。

联系，习惯于在伦理道德的原则下探索各种事物之中所蕴藏的总体精神。"①

作为精英文化形态的西方文化，主要存在于相对发展起来的城市地区及广大知识分子中间。古希腊的理性精神和古希伯来的信仰传统，犹如西方文化之躯行走的两条腿。人类历史进程迈入现代化征程以来，这两大文化传统逐渐演化为西方文化思潮中并行不悖的科学主义和人本主义。20世纪五六十年代以来，表征西方社会历史与科技领域发展新特征的后现代主义也逐渐成为当代思潮中颇具影响的文化成分。需要进一步指出的是，西方文化在当代中国同其在西方一样，发挥着重要的文化批判功能，甚至在一定意义上可以说，西方现代文化成为部分知识分子评判中国式现代化的文化武器。值得指出的是，从文化所承载的历史使命来看，现代化离不开文化批判，文化不能"亦步亦趋"地追随现代性建构，而理应与现代化始终保持一定的"间距"，时刻保持理性的反思与批判。当然，这种反思与批判并不是要拒斥或超越现代性，而是现代性内部的自我反思与批判，是通过不断地"纠偏"，使人类历史进程始终处于理性的监督之下而不至于误入歧途。然而，对于当代中国人的精神重建来说，从总体上看，西方文化显得"批判有余、建设不足"，即借助西方现代文化的当代中国文化批判，一定程度上揭示了中国现代性建构的某些问题和弊端，并深入地揭示了人们的精神生活和精神文化质量与现代化进程的不同步甚至某种程度上的退步，然而西方现代文化无力提出可行性的文化拯救方案，以破解现代性的精神困境。

作为历史性凝成的文化传统和当代中国文化建设不可或缺的思想资源，传统文化、西方文化和马克思主义文化三大文化生态在各自领域、从不同维度发挥着文化自觉、文化启蒙和文化整合的功能。值得注意的是，在中国现代性建构的实践中，三者也互相监督、互相交流和彼此融入。对于当代中国三大文化生态之间的交流融合及其发展趋势，有的学者主张"综合创新论"（张岱年语），有的学者

---

① 葛兆光：《禅宗与中国文化》，上海人民出版社，1986，第208页。

提出"马魂中体西用"（方克立语），"核心价值观"也是在综合吸纳不同文明因素的基础上积极探索共同的价值取向。从优化当代中国人精神重建的文化生态来看，针对前文曾揭示的传统文化"平衡有余、动力不足"、西方文化"批判有余、建设不足"和马克思主义文化"引领有余、整合不足"，我们一方面应继续充分发挥马克思主义文化的引领作用、传统文化的平衡作用和西方文化的批判作用，另一方面应积极探寻构筑三大文化生态交相融合且兼具整合功能、动力驱动和建设作用的文化机制。总而言之，我们应在不断优化的三大文化生态与中国现代性建构的实践互动中，经受历史的考验，积淀出能够凝聚人民力量的中国精神，并在此基础上塑造具有世界话语权的中国话语。

第十一章　当代中国发展的现实逻辑
与人的精神世界重建

　　当代中国人的精神世界重建是中国现代性问题链中的一个重要环节。黑格尔和马克思都重视精神发展的重要性，坚持精神与现实需要在对方中确证和体现自身的力量，并强调精神与现实之间的相互影响和互相转化，然而在视域观照、运思逻辑和研究理路上存在偏重于"精神基地"还是"现实基础"的差异性问题。人的精神世界重建问题的实质就在于内在精神与现实逻辑的和解与互动，具体涵摄相辅相成的三个子问题：人的精神世界如何适应现实逻辑；现实逻辑如何改变关乎人的精神生活质量的外在条件；精神文化如何优化现实逻辑。当代中国人的精神世界重建问题，主要指向内在精神与当代中国整体结构转型和社会力量博弈的现实逻辑之间的关系。

　　作为现代化的本质根据和理论表达，现代性主要涵摄物质性、制度性和精神性三大维度。相比于物质性维度的瞩目成就和制度性维度的部分共识，现代性的精神性维度问题重重，争论迭起，这逐渐成为现代性问题域中的突出问题。在现代化的征程中，当代中国人的精神世界和精神生活在一定程度上出现了意义失落、精神贬值、价值坍塌、道德失范、理想缺失、虚无侵袭等诸多问题。当代中国人的精神世界重建，成为现代化转型中一个日益凸显并逐渐引起广泛关注的问题。

　　所谓人的精神世界重建，主要是指在现代化进程中，为了推进人的精神的自由全面发展，在把握人的内在精神世界的因素、动力、基本结构、遵循逻辑及其运行机制和发展规律的基础上，既要把适应现代性的文化因素融入人的精神世界与精神生活，也要坚守精神文化对于现代化进程的理性监督和文化纠偏功能，从而致力于建构与现代化良性互动的人的精神世界、精神生活和精神文化。研究人的精神世界重建问题，离不开研究作为其基础性和制约性条件的现实逻辑，以及二者之间的关系。现实即客观存在，它的运转逻辑就是现实逻辑。不同于"现存"或"现象"，现实逻辑是现实的表象存在、运行机制和内在规律的辩证统一及相应的运动变化过程。现实逻辑具有现象与本质、内容与形式、偶然性与必然性相统一的特征。在黑格尔看来，"现实是本质与实存或内与外所直接形成的统一"①，"凡是合乎理性的东西都是现实的；凡是现实的东西都是合乎理性的"②。黑格尔关于"现实"问题的这些经典论述，基于外在现存和内在理性的辩证统一性，为我们呈现出一个立体的、动态的，并且通过偶然性为必然性与合理性开辟道路的"现实"。黑格尔所谓的"现实"，实际上就是现实的逻辑展开，也可以说就是现实逻辑的简称。

第一节　精神与现实的逻辑权重

黑格尔的精神理论，是主体性崛起时代精神的精华，是逻辑的辩证的研究精神形态及其发展过程的高峰。马克思创立的历史唯物主义是研究精神发展问题的基本立场和重要方法。研究人的精神世界重建问题及其与当代中国发展的现实逻辑的关系，有必要重回黑格尔和马克思那里寻求思想资源。

在黑格尔那里，"精神"是人们把握现实结构及其发展规律、推演本质还原和构建哲学体系的基地。关于"精神"概念，黑格尔主

---

① 〔德〕黑格尔：《小逻辑》，贺麟译，商务印书馆，1980，第 295 页。
② 〔德〕黑格尔：《法哲学原理》，范扬、张企泰译，商务印书馆，1961，第 11 页。

要有 14 种存有一定差异的直接界定："精神是在互相差异的自我意识中作为它的统一而存在的绝对的实体"；"精神是既认识到自己即是一个现实的意识同时又将其自身呈现于自己之前的那种自在而又自为地存在着的本质"；"精神是现实的、伦理的本质"；"精神把它的定在提升为绝对的树立对立面的活动并从这种树立对立面的活动中回复自身"；"精神就是由自在转变为自为、由实体转变为主体和由意识的对象转变为自我意识的对象的认识的运动"；"精神是自然的真理性与终极目的和理念的真正现实"；"精神正是通过在它里面得到实现的对外在性和有限性的克服而把自己本身同自然区分开来"；"精神是概念的作为自身同一性的绝对否定性"；"精神通过他物并通过扬弃他物才做到了证实自己是而且实际上是对外在东西的观念性、从其异在向自身回复的理念、区别着自己本身和在其区别中仍在自身内自为地存在着的普遍东西"；"精神本质上是观念性形式中的理念即有限事物的否定性形式中的理念"；"精神是主观东西和客观东西的统一"；"精神是绝对普遍的完全无对立的自身确定性"；"精神的概念是在它里面主观东西和客观东西的绝对统一、是自在自为的和知的对象"；"精神的本质就是自由"。[①] 从黑格尔关于"精神"概念的界定可以看出，作为绝对的实体、认识的运动、自然的真理性和理念的真正现实、主观存在和客观存在的统一，"精神"具有观念性、自为性、活动性和过程性等特征。实际上，在黑格尔那里，广义的精神范畴涵摄三个环节：从存在到意识、从对象意识到自我意识，以及精神外化为法权、道德和伦理。拥有艺术、宗教和哲学三种表现形式的绝对精神，就是这三个环节的有机统一。

马克思对"精神"的认识和研究存在一个明显转向。在转向前，

[①] 依次参见〔德〕黑格尔《精神现象学》（上），贺麟、王玖兴译，商务印书馆，1979，第 138 页；〔德〕黑格尔《精神现象学》（下），贺麟、王玖兴译，商务印书馆，1979，第 2、4、300、304 页；〔德〕黑格尔《自然哲学》，梁志学译，商务印书馆，1980，第 34 页；〔德〕黑格尔《精神哲学》，杨祖陶译，人民出版社，2006，第 14、19、20、31、35、238、240 页；〔德〕黑格尔《历史哲学》，王造时译，上海书店出版社，2001，第 17 页。

马克思认同黑格尔的精神观，高度肯定精神的自由本质和真理性。彼时，马克思高度赞扬伊壁鸠鲁关于精神自由的主张，明确指出："哲学研究的首要基础是勇敢的自由的精神"①。马克思还用赞美性的语言描绘和阐释"精神"概念："世界上最丰富的东西——精神……精神的最主要形式是欢乐、光明。……精神的实质始终就是真理本身"②。在对物质利益发表意见的"难题"和研究政治经济学过程中，马克思逐渐疏离并批判黑格尔的"精神"概念。马克思首先揭示了黑格尔"精神"概念的抽象性，认为在黑格尔的《哲学全书》中，"精神，这个回到自己的诞生地的思维，在它终于发现自己和肯定自己是绝对知识因而是绝对的即抽象的精神之前，在它获得自己的自觉的、与自身相符合的存在之前，它作为人类学的、现象学的、心理学的、伦理的、艺术的、宗教的精神，总还不是自身。因为它的现实的存在是抽象"③。在此基础上，马克思开始疏离"思辨的精神"，并转向从"现实的人和人的现实"出发来解读现实世界。对此，马克思明确指出："对人的本质力量的占有或对这一过程的理解，在黑格尔那里是这样表现的：感性、宗教、国家权力等等是精神的本质，因为只有精神才是人的真正的本质，而精神的真正的形式则是思维着的精神，逻辑的、思辨的精神。自然界的人性和历史所创造的自然界——人的产品——的人性，就表现在它们是抽象精神的产品，因此，在这个限度内，它们是精神的环节即思想本质"④，而实际上"感性意识不是抽象的感性意识，而是人的感性意识；宗教、财富等等不过是人的对象化的异化了的现实，是客体化了的人的本质力量的异化了的现实；因此，宗教、财富等等不过是通向真正人的现实的道路"⑤。

在转向之后，马克思多次明确阐释物质、物质生活的生产方式

---

①《马克思恩格斯全集》第40卷，人民出版社，1982，第112页。
②《马克思恩格斯全集》第1卷，人民出版社，1995，第111页。
③《马克思恩格斯全集》第3卷，人民出版社，2002，第317页。
④《马克思恩格斯全集》第3卷，人民出版社，2002，第319页。
⑤《马克思恩格斯全集》第3卷，人民出版社，2002，第319页。

和经济活动等对于"精神"的基础性和制约性作用："'精神'从一开始就很倒霉，受到物质的'纠缠'，物质在这里表现为振动着的空气层、声音，简言之，即语言"①；"物质生活的生产方式制约着整个社会生活、政治生活和精神生活的过程"②；"劳动者在经济上受劳动资料即生活源泉的垄断者的支配，是一切形式的奴役即一切社会贫困、精神屈辱和政治依附的基础"③。还需要指出的是，在明确了"现实"对于"精神"的"纠缠"和"制约"之后，马克思并没有忽视精神力量和精神需要的重要性。在这方面，马克思既肯定性地提出"选举促进了精神力量的觉醒"④，也揭示了"物质暴力对精神力量的迫不得已的重视"⑤，还指出"工人必须有时间满足精神需要和社会需要，这些需要的范围和数量由一般的文化状况决定"⑥。值得注意的是，在马克思所向往的未来理想社会中，即从物质生产领域和人际剥削关系中解放出来的"自由人联合体"和"自由王国"阶段，"精神"终会回归本位，精神自由也必将超脱现实环境和物质条件的限制，并成为表征发展高度和生活质量的重要存在。

应围绕精神与现实的关系问题，比较黑格尔的"精神"三环节和马克思的"精神"转向。在相似性上，黑格尔和马克思都高度重视精神发展的重要性，坚持精神与现实均需在对方中确证和体现自身的力量，并强调精神与现实之间的相互影响和互相转化。在差异性上，主要是在视域观照、运思逻辑和研究理路中偏重于"精神基地"，还是"现实基础"的问题。具体而言，第一，从《精神现象学》到《精神哲学》，由逻辑范畴及其辩证关系构筑的逻辑理性逐渐替代意识经验而成为精神形态的分析框架，而从《1844年经济学哲学手稿》到《资本论》，马克思通过批判与改造不合理的现实世

---

① 《马克思恩格斯选集》第1卷，人民出版社，2012，第161页。
② 《马克思恩格斯全集》第31卷，人民出版社，1998，第412页。
③ 《马克思恩格斯全集》第21卷，人民出版社，2003，第16页。
④ 《马克思恩格斯全集》第16卷，人民出版社，1964，第424页。
⑤ 《马克思恩格斯全集》第18卷，人民出版社，1964，第147页。
⑥ 《马克思恩格斯全集》第44卷，人民出版社，2001，第269页。

界来追求人的全面发展和精神自由，以及提高精神生活质量，这成
为内在的逻辑主脉。第二，黑格尔强调精神的逻辑在先，马克思则
强调现实的实践在先。第三，在黑格尔那里，精神是现实的真理，
而在马克思那里，现实则是精神的真理。第四，黑格尔主张以精神
为基地来统一主观与客观，而马克思则坚持以现实为基础来统一主
观与客观。第五，黑格尔思辨地把握了精神与现实的相互依存和相
互适应，而马克思则突出在一定条件下现实发展与精神需要的对抗
性。第六，在精神与现实关系的应然状态上，黑格尔与马克思都强
调实现精神与现实的统一，然而，黑格尔认为，这种统一应在"精
神基地"中实现，马克思则坚持在"现实基础"上的统一。对此，
在现实生活世界中，黑格尔强调精神生活的重要性以及表征在精神
外化和精神回归过程中的精神辩证性。黑格尔曾在给蔡尔曼的信中，
把知识当作唯一救星，认为保持内心生活是日耳曼人可能超过法国
人的重要因素①。他还明确指出："与有限东西搏斗、克服限制，是
人类精神里的神性东西的特殊标记，并且是永恒的精神的一个必要
阶段"②，"永恒的自在自为地存在着的理念永恒地作为绝对精神实
现着自己、产生着自己和享受着自己"③，并主张"依照思想，建筑
现实"④。与此不同，马克思则坚持唯有改造世界与变革现实，才能
真正解决精神和现实的对抗性问题。马克思在《1844 年经济学哲学
手稿》中的一段论述明确表达了这种主张："主观主义和客观主义，
唯灵主义和唯物主义，活动和受动，只是在社会状态中才失去它们
彼此间的对立，从而失去它们作为这样的对立面的存在；我们看到，
理论的对立本身的解决，只有通过实践方式，只有借助于人的实践
力量，才是可能的；因此，这种对立的解决绝对不只是认识的任务，
而是现实生活的任务，而哲学未能解决这个任务，正是因为哲学把

---

① 〔德〕黑格尔：《精神现象学》（上），贺麟、王玖兴译，商务印书馆，1979，第
4~5 页。
② 〔德〕黑格尔：《精神哲学》，杨祖陶译，人民出版社，2006，第 241 页。
③ 〔德〕黑格尔：《精神哲学》，杨祖陶译，人民出版社，2006，第 399 页。
④ 〔德〕黑格尔：《历史哲学》，王造时译，商务印书馆，1936，第 493 页。

这仅仅看做理论的任务"①。马克思创立的历史唯物主义正是在实践中改造现实生活世界的思想武器、基本方法和理论工具。第七，如何在具有异质性的精神和现实之间实现对立中的统一？黑格尔式的回答是依靠精神的积淀、外化和回归及自我实现来缓和精神和现实的矛盾，马克思式的设计却是在深入把握现实逻辑并揭示其发展规律的基础上改造现实世界，以缓解精神与现实的对抗，并积极寻求能够终极性解决这一矛盾问题的理想社会形态。

基于黑格尔和马克思对"精神"概念的阐释和对比，我们观察、分析和解决精神发展问题，就必须辩证把握和科学处理精神的能动性和受动性的统一、精神的外在现实依赖和内在历史传承的关系、现实内化于精神和精神外化于现实的过程，以及精神自由和物质条件的关系等问题。受此思想碰撞和理论激发，并结合研究人的精神世界重建问题的时代境遇和历史使命，我们认为，人的精神世界重建问题的实质，在于内在精神与现实逻辑的和解和互动。这种关系具体可以分解为三个子问题：人的精神世界如何适应现实逻辑；现实逻辑如何改变关乎精神生活质量的外在条件；精神文化如何优化现实逻辑。在现代性的问题域中，这三个问题对应或归属于现代化的心理适应问题、现代化的综合推进问题和现代化的动力驱动问题。对于正处于现代化征程中的当代中国而言，人的精神世界重建与当代中国发展的现实逻辑的关系，是一个重要的中国式现代性问题。

第二节 精神与现实的和解和互动

整体结构转型和社会力量博弈以及由此衍生的其他问题，是当代中国发展的现实逻辑。其他国家和地区也存在类似的结构转型和力量博弈问题，在作为具有深厚历史传统的后发外源型现代化发展中国家的当代中国，这一问题显得尤为突出，也更加复杂。当代中

---

① 《马克思恩格斯文集》第 1 卷，人民出版社，2009，第 192 页。

国的整体结构转型，就是在从传统农业文明向现代工业文明的全球性转变过程中，当代中国社会结构中的经济、政治、文化、社会等因素及其相互关系的结构性现代化转型，就是经济体制、政治体制、文化体制等构成的社会运行机制的整体性现代化变迁，以及人们的生产方式、思维方式、价值取向和行为方式的一系列相应性变化。当然，这些都是在中国共产党领导下进行的。当代中国的社会力量博弈，就是围绕资源占有、财富生产和利益分配，资本的增殖力、知识分子的思想力和大众的劳动力等社会力量之间相互制衡和互相影响，以及推动经济社会发展的社会力量结构中主导性力量的转移。这也是在坚持中国共产党领导下进行的。在当代中国整体结构转型过程中，诸种力量主体都在力求最大限度地自我实现，并追求最大可能性的价值和最大化的利益，这就必然会形成各种力量之间彼此制衡、相对调整和互相适应的局面，而诸种力量的合力则从根本上制约着转型的速度、节奏和方向。此外，必须强调要坚持中国共产党领导。党政军民学、东西南北中，党是领导一切的。对应前文所述人的精神世界重建问题的实质及其所涵摄的三个子问题，当代中国人的精神世界重建问题的实质，在于当代中国人的内在精神世界与当代中国发展的现实逻辑的和解和互动。具体可以分解为相辅相成的三个问题。

其一，当代中国人的精神世界如何适应当代中国整体结构转型和社会力量博弈的现实逻辑。在由整体结构转型和社会力量博弈搭建的生存和发展空间中，部分主体的利益受损和发展受限在所难免，一定范围内的精神困惑和精神压抑也会不断涌现。当代中国人不应该盲目崇拜也曾经历长期过渡和转型阶段的西方原发内生型现代化发达国家，而应增强时代认同感、民族归属感和坚定理想信念。当自身利益得到满足时，要多考虑受损方的心情和感受；当自身利益暂时受损时，应把握形势、胸怀大局，并在自我调整中规避片面、偏激或极端的心理和行为。对于在整体结构转型和社会力量博弈过程中难免出现的时代创伤，应在总结教训后包裹好伤口继续前行。

面对时代基本矛盾和实践发展中不断涌现的新问题，应该坚持辩证唯物主义与历史唯物主义的基本原理和方法论，秉持实事求是的思想路线，并始终站在历史思维、辩证思维和战略思维的高度进行思考和应对。在认同、理解和自觉自愿地遵守现实秩序和制度规范的过程中，以智慧积淀的形式，容纳现实发展中可能出现的对抗性内容，并积极自觉地构建与意志自由能够辩证共存的合理健康的精神秩序，以不断提升自我。其中，提高心理适应能力是一个至关重要的问题。何为心理适应？朱智贤主编的《心理学大词典》中，有对适应概念的较为权威的解释："（适应是）来源于生物学的一个名词，用来表示能增加有机体生存机会的那些身体上和行为上的改变。心理学中用来表示对环境变化做出的反应。如对光的变化的适应和人的社会行为的变化等。丁·皮亚杰认为，智慧的本质从生物学来说是一种适应，它既可以是一种过程，也可以是一种状态。有机体是在不断运动变化中与环境取得平衡的，它可以概括为两种相反相成的作用：同化和顺应。适应状态则是这两种作用之间取得相对平衡的结果。这种平衡不是绝对静止的，某一个水平的平衡会成为另一个水平的平衡运动的开始。如果机体与环境失去平衡，就需要改变行为以重建平衡。这种平衡—不平衡—平衡……的动态变化过程就是适应"[1]。面对当代中国整体结构转型和社会力量博弈的现实逻辑，当代中国人需要自觉地在或同化或顺应中不断进行自我调整，以适应环境的变化和自身发展的双重要求，并致力于达成主客体之间的平衡性状态。心理适应机制具体涵摄认知反映、情感变化、态度调整、评价转变和行为选择等环节。提高心理适应机制的各个环节的质量、素质和能力，理应成为每一位当代中国人的自觉认识、理性选择和追求方向。

其二，当代中国整体结构转型和社会力量博弈的现实逻辑如何改变，关乎当代中国人的精神生活质量的外在条件。作为标识精神生活的性质、层次和水平的范畴，精神生活质量，表示的是精神生

---

① 朱智贤主编《心理学大词典》，北京师范大学出版社，1989，第618页。

活满足人的发展需要的程度，以及主体对这种满足状况的心理感受和主观评价。精神生活质量是衡量人类发展水平的重要尺度。美国经济学家罗斯托在从现代化进程的维度研究人类社会历史发展时提出："我们可以按照社会的经济规模，把所有社会列入五类之一。这五类是：传统社会、为发动创造前提条件阶段、发动阶段、向成熟推进阶段和高额群众消费时代"①，后来又专门增加了"追求生活质量"作为第六个阶段。这里的生活质量，包括物质生活质量和精神生活质量。精神生活质量除了受到精神传承、读书启智、艺术审美、道德取向和宗教信仰等因素的直接影响之外，还必然受到利益诉求的满足情况、资源和财富的分配制度、经济政治体制、社会运行机制和文化发展状况等的制约。在当代中国现代化建设实践中，我们应注重探寻和建构能够衡量当代中国人精神生活质量的指标体系，并在整体结构转型和社会力量博弈的现实逻辑中，把提升精神生活质量作为题中要义和思想共识，知识分子更应该积极引导现代化征程中的人文精神重建和技术时代的人文关怀。

其三，关于当代中国的精神文化如何优化当代中国整体结构转型和社会力量博弈的现实逻辑。精神文化要发挥对现实逻辑的反思批判和理性监督功能，就不能紧跟现实"亦步亦趋"，而应基于内在精神的实践性积淀、规律性把握和历史性传承，始终与实践节奏、社会历史发展机制和现实制度规范等保持一定的"间距"，以在"若即若离"中保持主体性自觉、理性清醒和反思性批判，并通过不断地"纠偏"和"优化"，使人类社会历史发展不至于偏离轨道、误入歧途或重蹈覆辙。作为对客观规律的把握、集体智慧的积淀、主体间性的承接和不同于法律规章制度等制约规范人的行为的"硬"性因素的"软"因素，优秀的精神文化理应持续地外化到特定的现实实践和生活世界之中，以不断优化发展的现实逻辑。能够优化当代中国整体结构转型和社会力量博弈的现实逻辑的精神文化，应是

---

① 〔美〕罗斯托：《经济成长的阶段——非共产党宣言》，国际关系研究所编辑室译，商务印书馆，1962，第10页。

当代中国人之间既基于文化传统又符合时代精神的共同理性精神，也可以说是既尽力实现自我又要尊重别人的"精神间性"。一方面，我们应继续充分发挥马克思主义文化的引领作用、传统文化的平衡作用和西方文化的批判作用；另一方面，应在马克思主义指导下，积极探寻构筑三大文化生态交相融合且兼具动力驱动、建设作用和整合功能的文化运行机制，并不断探索其发展规律。在此过程中，运用逐渐积淀和凝聚而成的中国精神文化的精华部分，来优化当代中国整体结构转型和社会力量博弈的现实逻辑，这实际上也是优秀的精神文化在将与自由本质和正向功能不相适应的现实逻辑改变为与之相适应的现实逻辑中实现自身的过程。

第十二章　当代中国人精神现代化的
实现路径及其依赖条件

在历史唯物主义提供的"辩证–历史–唯物"的整体性框架之中，精神现代化是现代化建设的基本要件。在当代中国，如何破解现代性的精神困境，实现精神现代化，成为实践发展提出的重要课题。本章在概述国内外关于精神现代化问题研究现状的基础上，基于内在精神结构及其基本逻辑与主要原理的学术框架，以"结构优化"作为当代中国人精神现代化的实现路径，并从制度结构与规范体系、现代传媒与价值符号、生活世界与生存方式等方面探寻其现实依赖条件。

在现代化的征程中，当代中国人的精神世界与精神生活一定程度上出现了意义失落、精神贬值、价值坍塌、虚无侵袭、无所适从、"无家可归"等诸多问题。如何破解现代性的精神困境，实现精神现代化，成为当代中国实践发展提出的重要课题。作为精神与现代化的良性互动，这里的精神现代化兼具双重意蕴：从现代化对精神世界的积极作用来看，需要积极培育现代性的精神因素，进而实现精神"适应"现代化；从现代化对精神世界的消极效应来看，需要以"现代性的精神批判"[①]推动现代化的自我发展与自我完善，进而实现精神"推动"现代化。基于国内外对这一问题的研究成果及其局

①　所谓现代性的精神批判，不是在返回传统或走向后现代的诉求中拒斥或超越现代性，而是在精神维度上进行自我批判或内部批判，推动其自行发展与自行完善。

限性，我们从"结构优化"与依赖条件出发探寻当代中国人精神现代化的实现。

第一节　精神现代化的研究现状

在国外，人的精神现代化问题引起了当代一些思想家的广泛关注，代表性的观点如下。以奈斯比特和英格尔斯为代表的学者主张通过实现高技术与高情感的平衡，建立现代心理基础与现代人格，进而适应现代技术工艺与管理制度，实现精神现代化。[①] 以韦伯和哈贝马斯为代表的学者主张通过抵御工具理性的侵袭，不断推动精神现代化。韦伯期待恢复价值理性以抵御工具理性的无所不在与全面侵袭，哈贝马斯则提出重建以主体交往为手段、以主体间的理解为目的的沟通理性（communicative rationality）。不同于弗洛伊德主张维持甚至加强文明对本能及欲望的压抑，以德勒兹为代表的学者主张把欲望的运动从等级体系社会强加的形式中解放出来，形成不同于"精神分析"的"精神分裂分析"（schizophrenia analysis），以探寻精神现代化的模式。再就是以吉登斯为代表的，致力于现代性的自我认同，以推进精神现代化的观点。该观点侧重于激发内在参照系统形成的自我反思性进而建立自我认同的长效机制。[②] 国外的研究存在一定的局限性：首先，过于偏重精神生活中的欲望、情感等因素，没有从精神世界的整体结构出发探寻精神现代化问题；其次，在研究方法上，偏重先验分析、本质直观或现象学方法，相对缺乏实践思维方式。由于历史传统的差异、"文化间性"的隔离、发展阶段的"错位"，以及不同的现实生活环境，我们不能"凭空移植"西方的研究成果。

---

① 〔美〕约翰·奈斯比特：《大趋势——改变我们生活的十个新方向》，梅艳译，中国社会科学出版社，1984，第38页；〔美〕英格尔斯：《人的现代化》，殷陆君编译，四川人民出版社，1985，第3~4页。

② 〔英〕安东尼·吉登斯：《现代性与自我认同》，赵旭东、方文译，三联书店，1998，第253页。

在国内，改革开放以来，当代中国人的精神现代化问题逐渐引起人们的关注。党中央提出的社会主义精神文明、中华民族共有精神家园、社会主义核心价值观和中国梦等政治命题，具有推进当代中国人精神现代化的精神实质。概括起来，国内学者对当代中国人精神现代化问题的研究，主要提出了如下观点：第一，人的精神世界由表象、想象、思想、智力、智慧、理想六种人类的超越意识所构成，还把人的精神生活划分为形而上、道德（伦理）和审美三个层次；第二，把哲学思维与对精神问题的研究结合起来，以"重建崇高"为当代中国人的精神现代化指示目标；第三，以日常生活批判推动当代中国人精神现代化；第四，在市场经济、知识经济的新时代，应树立"能力为本"的价值理念支撑当代中国人精神现代化。国内的研究存在下述问题：第一，在研究人的精神世界构成与精神生活层次时，比较注重认知、评价和道德，相对忽视了欲求、情感、无意识、信仰等因素；第二，在现实生活世界中，人民大众比较反感"崇高"，"重建崇高"的实践效果不得不打折扣；第三，在推进当代中国人精神现代化时，多以价值取向为坐标，没有从精神结构的整体性出发。之所以出现上述问题，根本的原因在于缺乏一个清晰严谨的内在精神结构作为逻辑起点。没有对内在精神结构的各个要素及其基本逻辑与主要原理的条分缕析，以及对诸要素之间关系的整体性把握，就难以"胸有成竹"地描绘当代中国人的精神生活图景，也不易找到当代中国人精神现代化的具体路径。

第二节　当代中国人精神现代化的
结构化路径分析

精神现代化理应是内在精神结构的整体性现代化。基于我们对内在精神结构及其基本逻辑与主要原理的理解（见图1），针对当代中国人的欲求世界过于膨胀，以及由之导致的情感、认知、评价、伦理、超验失位等问题，这里提出"结构优化"作为推进当代中国人精神结构整体性现代化的具体途径或方案设计。

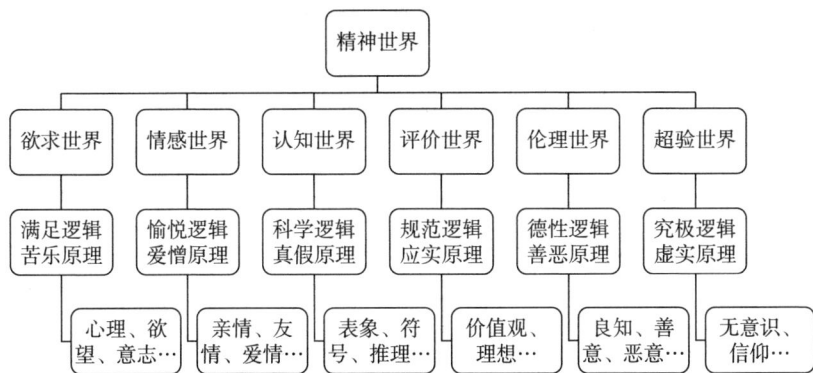

图1 "一体六维"的内在精神结构

注：自上而下依次为"一体"、"六维"、遵循逻辑与适应原理、因素列举。
如何对这个分析作进一步的提炼和优化，是笔者一直在思考的问题。

其一，"情欲限位"，即作为感性维度或非理性维度的欲求世界与情感世界需要限定边界。欲求与情感是人的精神世界与精神生活的"天然成分"，对人的活动与精神世界的其他维度具有感性推动作用，追求利益的欲望与发自肺腑的真情实感也是现代化进程的内在推动力。有"欲"才有"希望"。在现代生活中，人有追求利益的欲求，就会积极寻找工作；有了工作，就会避免游手好闲、无事生非。然而，如果欲求过于膨胀，在有了一定的财富积累之后，被压抑的欲望反倒有了实现的条件。现代性激发的欲望，未必总是驱动人们用合理的欲望去平衡破坏性的欲望。欲望一旦失去限制，他人就会成为主体实现欲望的工具，或者沦为主体满足欲望的"物"，这是非常可怕的。欲求过度膨胀不仅会导致个人的内在精神世界与精神生活问题，也会导致一定的社会问题。因此，在人的精神结构中，主体应自觉地限定欲求世界的边界，做欲望的"主人"而不是"奴隶"。这样既不影响欲求发挥推动作用，又能避免欲求过度膨胀的负面效应。对于情感世界来说，真情实感往往能激发人的潜能，促进人的发展。情感对认知、评价和德性等也有一定的推动作用。然而，在现代化进程中，错位的情感导致了一些社会问题。中国传统文化重视情感，无论是孟子讲的"爱亲敬兄之情"、王弼的"圣人有情论"，还是朱熹讲的"以爱之理而名仁"，都突出了情感在现实生活中的地位与作用。在根深蒂固的传统思想影响下，具有中国特色的"人情社会"一定程度上对抗着符合现代性要求的"理性社会""法治社会"。人情高于事、人情高于法、人情高于理等思维方式与价值取向导致了诸多"潜规则"的存在，严重制约着现代化进程。这就要求我们，要合理限定情感世界的边界，在不断丰富情感生活的同时，避免情感世界的越位或错位。

其二，"理性上位"，即作为理性维度的认知世界与评价世界需要提升位置。认知与评价在主体的精神世界中处于指导与控制的地位，对人的活动与精神生活发挥着理性监督的作用。一般而言，主体只有在有了一定的认知，并获得一定的评价之后，才会"有所作为"。也就是说，认知与评价决定人的行为，即决定着人是否与如何行动。现代性需要人的精神结构的"理性上位"：市场经济内在要求主体必须依靠理性认知与客观评价去把握市场规律、了解社会需求、梳理动态信息；民主政治内在要求主体依靠理性认知与客观评价去破除人情渗透、关系干扰；自由文化内在要求主体依靠理性认知与客观评价去反思发展的代价、批判现实的不合理之处、创造精神文明成果。西方的现代化进程也是理性取得"居高临下"地位的过程。启蒙运动就是要求人去除蒙昧，依靠理性监督，独立作出抉择。我国传统社会与传统文化注重道德与人情，相对缺乏主体意识与理性精神。传统因素在当代中国人的生活世界中依然存有深深的烙印，这在某种程度上影响或制约着我国的现代化进程。时代要求与实践经验呼唤内在精神结构的"理性上位"，以重构既符合又推动现代化的内在精神结构图景。

其三，"超越有位"，即作为超越性维度的伦理世界与超验世界需要有适当位置。伦理世界与超验世界是精神世界的超越性维度，它们发挥着平衡功能与张力作用。现实生活世界不能没有道德规范，完满的精神世界与精神生活也不能缺失伦理世界及其德性逻辑。道德不仅作为品质规范、行为规范和意识形态，成为凌驾于个人之上的外在统治力量，而且也是根据个体生命经验和内心感悟不断生成的。道德关注个体的心灵世界与人格完满，道德意识过于薄弱与道德观念虚无化会致使人产生焦虑、空虚、颓废等情绪。人要活得有尊严，离不开高尚的精神品格与超越私利的道德理想。即使没有道德的行为有时会逃脱法律的制裁，人也不能避开内心的道德拷问。假如有时需要别人的道德性援助，自己就应该有一些道德性付出。如果说没有德性的人格是不完满的人格，那么没有信念、信仰的人生就是缺少张力的人生。超验世界为人的自我调节、自我平衡和自我完善提供了极具张力性的心灵空间，其中的信仰更是具有提供意义根据与终极关怀的作用。在当代中国人的信仰问题上，现代化进程冲击了人们对依附于农业社会与皇权政治的传统文化的信仰，"文化大革命"一定程度上冲击了人们对马克思主义的信仰，"苏东剧变"则一定程度上冲击了人们对共产主义的信仰。在人的精神世界中，缺失了十足的相信与真心的仰慕，不仅缺少了提供生命张力与心灵慰藉的重要支撑，而且直接影响到能够激发人的创造性行动的动力、理想和信念。在当代中国人的精神世界与精神生活中，超验世界，尤其是信仰，需要找到并拥有自己的位置。

　　其四，防止"逻辑越位"，即满足逻辑、愉悦逻辑、科学逻辑、规范逻辑、德性逻辑和究极逻辑需要各行其位。"一体六维"的精神结构的六大逻辑，在自己的位置上发挥应有的功能，就会使内在精神世界与精神生活协调有序。一旦某一逻辑出现越位，就会出现精神问题。比如，在现实生活中，人们常常感到"累"。为什么总是这么"累"呢？依据内在精神结构的逻辑分析，这是欲求世界满足逻辑越位所造成的。满足逻辑越位到情感世界、认知世界、评价世界、伦理世界和超验世界，就会导致主体处处追求占有，时时不忘满足，岂能不"累"？愉悦逻辑越位到认知世界，就会消解科学探索的"较真"意识与学术探索的敬畏精神，还可能使真理仅仅成为茶余饭后的谈资与笑料；在评价人的时候，德性逻辑如果过度越位到评价世界，就会影响到能力与贡献的考量，等等。当然，这里揭示逻辑越位导致的问题，并不是否认诸种逻辑之间的相互联系与相互作用。以欲求世界的满足逻辑为例，我们并不否认它的动力作用，而是说欲求世界的满足逻辑一旦试图越位控制，就应该得到有效制约，以便始终行驶在正确的轨道上，不妄求（科学逻辑的制约）、不盲求（规范逻辑的制约）、不强求（德性逻辑的制约）等。值得注意的是，这里其他逻辑对满足逻辑的制约，并不是一种"反越位"（以自身越位制约欲求逻辑越位），而是一种在位，这种在位就能制约越位。

其五，避免"原理失位"，即苦乐原理、爱憎原理、真假原理、应实原理、善恶原理和虚实原理需要全部到位。"一体六维"的精神结构的六大原理，由六大逻辑推理而出。欲求世界的满足逻辑不可能总是得到满足，苦乐是交织在一起的；情感世界的愉悦逻辑不可能总是得到愉悦，爱憎是始终相随的；认知世界的科学逻辑不可能总是得到科学，真真假假是不可避免的；评价世界的规范逻辑不可能总是得到规范，应然与实然是交替出现的；伦理世界的德性逻辑不可能总是得到德性，善恶是相伴而生的；超验世界的究极逻辑不可能总是得到究极，即使其存在为虚，作用却是实的。在内在精神世界与精神生活中，苦与乐、爱与憎、真与假、应与实、善与恶、虚与实等，是相互伴随、相互依存的。妄图一劳永逸地消除苦恼、厌恶等心理因素，而一味沉浸于快乐、喜爱、幸福（如果幸福是幸运与福气，那么它是可遇不可求的）等精神因素之中，是不符合精神结构的适应原理的心态。这里需要补充指出的是，要求真假原理、善恶原理和爱憎原理到位，并不拒斥追求真善美相统一的理想或境界。在现实中，真假相随、善恶相伴、爱憎交织等状态和求真去假、求善去恶、求爱去憎等取向，是可以并行不悖的，而且往往正是前者的存在推动了后者。还需要注意的是，六大原理之间也可以互相弥补以寻求平衡。比如，如果欲求总是不能得到满足，精神生活感觉太"苦"了，就可以以爱弥补、以真弥补，或者以善弥补。

认识到六大原理的存在与避免"原理失位"，就可以批判或解决现实生活中的一些精神问题："快乐崇拜""让我一次爱个够"等"靡靡"之音所反映出的精神追求，既是对世界的客观性与非目的性的无知，也是不符合苦与乐、爱与憎等相伴而生的原理的；面对日常生活中经常出现的"烦"，既要认识到情感世界的爱憎原理决定了不可能有爱无憎，也要注意防止"烦"的情绪影响精神生活的其他原理的功能发挥。也就是说，不能因为"烦"的充斥而消解求真、求应（应然）、求善等精神动力；在现代生活中，"焦虑"也是一种常见的精神状态。现代性的精神"焦虑"，大多是在高新精密的技术网络与错综复杂的人际关系的控制下，人们无能摆脱、无能为力，由此产生的焦急、忧虑等精神感受。对"焦虑"的极度恐惧与矫枉过正往往会使人虚化一切，进而陷入"空虚"的境地。那么，如何在抵制虚无侵袭的同时消解"焦虑"呢？精神结构的六大原理全部到位，就是一剂良方。具体来说，坦然面对有苦有乐的人生（苦乐原理到位），拥有真实的爱与憎（爱憎原理到位），理性认知真假（真假原理到位），客观评价应实（应实原理到位），承担惩恶扬善的责任（善恶原理到位），超然面对得失（虚实原理到位）等，自然有利于走出"焦虑"的精神困境，同时不会误入"虚无"的深渊。

第三节　当代中国人精神现代化的现实依赖条件

正如思想离开利益就会使自己出丑，离开内在世界与外在世界的关联，精神现代化的实现路径也难免流于空泛。这里集中从制度结构与规范体系、现代传媒与价值符号、生活世界与生存方式等方面，探寻当代中国人精神现代化的先决条件或现实依赖条件。

首先，制度结构与规范体系。内在世界与外在世界的关联性，决定了现代性的精神重构离不开制度结构的保障与规范体系的支持。利益与财富无疑是人的生活世界及精神生活的重要支柱。这就需要优化制度结构与规范体系，以合理地协调利益关系与公正地分配财富，从而使外部环境有利于人的精神生活，至少不产生过多的负面影响。值得注意的是，在目前我国现实生活中，出现了一些不正确的财富观：一些人鄙视劳动、轻视劳动，善于投机；一些人片面重视物质财富，忽视精神财富；一些人推崇金钱至上，一切向"钱"看；一些人推崇权力至上，奉行有权就有一切；有些人"不仁而富""为富不仁"，非法占有财富、随意挥霍财富；有些人认为有"财"就有"富"，有"富"就有"福"，错把"财"富当幸福，等等。要建构合理化的制度结构与规范体系，使人们形成健康合理的财富观，在物质财富创造过程中享受到更多的精神乐趣。同时，尽力促成公正的财富分配，为提高人们的精神生活质量提供一定的现实支撑。这无疑是实现当代中国人精神现代化的基本依赖条件。

其次，现代传媒与价值符号。现代传媒是包括电视、电影、网络、书刊、广播等在内的传播新闻信息的媒介。在现代化进程中，从传统媒介到现代媒介的发展，使得诸种新闻信息传播工具从"旧时王谢堂前燕"转向"飞入寻常百姓家"。因此，现代传媒也成为面向大众、依靠大众、服务大众的大众传媒。大众传媒对人的内在精神世界及精神生活起着潜移默化的渗透性作用。鉴于大众传媒的本质、特征及其功能，如何发挥其在实现精神现代化中的作用？主要可以从以下两个方面出发。一方面，从受众方面来看，首要的是应对大众传媒的本质有清醒的认知，并保持一定的批判与超越意识。大众传媒传播信息的过程，无非是对人物或事件，进行一定的加工，并借助现代性的工具媒介，把编码后的信息以声音或图像的方式直接呈现在大众面前。因此，大众传媒除了忠实地传播某些信息之外，它的虚拟特征也非常明显。在鲍德里亚（又译"博德里亚尔""波德里亚"）看来，"大众传媒的'表现'就导致一种普遍的虚拟，这种虚拟以其不间断的升级使现实终止。这种虚拟的基本概念，就是高清晰度。影像的虚拟，还有时间的虚拟（实时），音乐的虚拟（高保真），性的虚拟（淫画），思维的虚拟（人工智能），语言的虚拟（数字语言），身体的虚拟（遗传基因码和染色体组）。……人工智能不经意落入了一个太高的清晰度、一个对数据和运算的狂热曲解之中，此现象仅仅证明是已实现的对思维的空想"。① 对于受众来说，决不能沉迷于这种唯美却虚拟、感人却非真、泛情而乏真情的传媒世界之中，更不能以之为标准来评价现实生活，或者在生活中模仿传媒中的虚拟设计。当然，在保持自觉地批判与超越意识的前提下，也可以在休闲时利用这种高清晰的虚拟化超越现实与愉悦身心。另一方面，从大众传媒的角度来看，应在大众传媒中渗透一些有意义的价值符号。这就要求大众传媒，既要克服过去"教而不乐"的倾向，又要避免今天"乐而不教"的趋势。在现代化进程中，大众传媒功不可没，然而其负面作用也不容忽视。在当代生活中，有的大众传媒出现了一些不良倾向，如盲目崇外、以俗为雅、弄假为真、情感泛滥、煽动色情、美化暴力，等等。在有的大众传媒中，文化被从其本质内涵中抽离出来，成为一种商品形式、消费需要和纯粹形式的意指物（signifier）。鲍德里亚曾深刻指出："电视广播传媒提供的、被无意识地深深地解码了并'消费了'的真正信息，并不是通过音像展示出来的内容，而是与这些传媒的技术实质本身联系着的、使事物与现实相脱节而变成互相承接的等同符号的那种强制模式。"② 在这种法则之下，越来越多、各式各样无意义的文化符号垃圾被制造出来并充斥在大众传媒之中，而有利于提高人们的休闲娱乐质量、审美标准和精神生活水平的有意义的价值符号则被弃之一边。从促进精神现代化来看，大众传媒应当把现实性与理想性、整体性与个体性、世俗性与超越性等结合起来。既要注重感性需求与日常休闲娱乐，也要引导理想与关注人生境界等问题，从而对现代化进程中人们寻求安身立命之本有所启发。

最后，生活世界与生存方式。生活世界、生存方式和精神世界之间存在必然的逻辑关联与密切的现实联系。由衣食住行、饮食男

---

① 〔法〕让·博德里亚尔：《完美的罪行》，王为民译，商务印书馆，2000，第33～34页。

② 〔法〕让·波德里亚：《消费社会》，刘成富、全志钢译，南京大学出版社，2000，第130页。

女、婚丧嫁娶、礼尚往来等所构成的生活世界，是精神生活的重要
场所或舞台；其在生活世界中逐渐积累，并在形成以后深层次地制
约着生活世界中人们的生存方式，往往渗透到内在精神世界，制约
着生活的方式与质量。由此，探索精神现代化的依赖条件，无法绕
开对现代生活世界与生存方式的关注与批判。人既是一种自然性的
存在，也是一种社会性的存在，还是一种精神性的存在。作为一种
精神性的存在，人必然要追问人生有无意义这一关涉生存根基的问
题。追问人生有无意义是人超越于其他存在的优势。然而，正是这
一优势往往使人在意义失落中品尝莫名的空虚与无奈。寻求意义需
要回到生活世界。但是，我们要回到的生活世界，是应然的生活世
界，而非现实中的生活世界。因此，我们需要在批判现实生活世界
中寻求意义的根源。海德格尔就曾深刻地指认了现实生活世界的异
化状态。在他看来，现实的生活世界是一个全面异化的领域，是一
种非本真的存在状态，而沉沦于这样的日常生活世界之中显然是无
法获得作为生存根基的人生意义的。这就需要我们关注生活世界、
批判生活世界和重塑生活世界，在生活世界、生存意义和内在精神
世界的关联中探寻实现精神现代化的实践方向。生存方式是生活世
界的深层支撑。生活世界的内在支撑或深层基础主要就是人的思维
方式、价值取向、行为方式和生活方式。依据马克思的划分，① 当代
中国主要处于"以物的依赖性为基础的人的独立性"的阶段。在这
个阶段中，市场经济是占支配地位的经济形态，物质驱动与利益刺
激是经济社会发展的重要推动力，人们的生存方式则主要呈现为
"物化生存"。同时，依靠能力生存的取向也日益突出与明显。"物
化生存"容易导致精神懈怠、精神萎缩、价值坍塌、理想式微和意
义失落，而"能力生存"往往是与心里踏实、胸怀坦荡、精神独立
等联系在一起的。如何消解"物化生存"，以及如何推动"能力生
存"，是在生活世界、生存方式和精神世界的关联中，推进现代性的
精神批判与精神重构，进而实现当代中国人精神现代化的重要思考

---

① 《马克思恩格斯全集》第 30 卷，人民出版社，1995，第 107~108 页。

线索。在我国现代化进程中，不仅出现了马克思所揭示的物的依赖及其对人的生存方式的影响，而且出现了血缘本位、权力本位、金钱本位和关系本位等都成为制约人们的生活世界与生存方式的根本性因素这一现象。具体来说，表现在社会性格上，就是出现了形形色色的血缘依赖性格、权力依赖性格、金钱依赖性格和关系依赖性格；表现在生活方式上，就是出现了各种各样的血缘化生存、权力化生存、金钱化生存和关系化生存。如果用现实中的流行语说，就是存在所谓"官二代""富二代"等表征自我迷失、依赖心强的诸种语言符号。在从实然性的生存方式向应然性的生存方式的转变中，推进现代性的精神批判与精神重构，是实现当代中国人精神现代化的不可或缺的现实依赖条件。

第十三章　现代性、中国问题和精神重建

在历史唯物主义视域中，欲望的主宰与感性至上原则成为现代性问题的一个深层维度。在现代性问题域中审视当代中国人的精神困境及其重建之路等问题，既基于内在精神结构的欲求、情感、认知、评价、伦理、超验等维度概括了中国人精神世界现代转型的具体内容，也从优化制度结构、整合文化生态、优化精神结构、呈现内在精神的传承性整体性和能动性、倡导坚定理想信念等方面探讨了重建当代中国人精神秩序的可行性路径。问题是时代的声音，思想是前进的力量。为中国问题贡献思想的力量是中国学界的责任和使命。秉承问题导向的研究理路，并坚守居安思危的问题意识和忧患意识，笔者尽力深入现代性问题的实质，并在现代性问题域中审视中国问题，尤其是中国人精神世界的现代转型和重建当代中国人的精神秩序等问题。

第一节　欲望主宰与感性至上原则

从农业文明转向工业文明、从传统社会走向现代社会的现代化运动，无疑是当今时代浩浩荡荡不可阻挡的历史潮流。以市场经济、民主政治、自由文化等为支撑的现代化推动了经济发展和社会历史进步，并在从传统向现代的转变中极大地改变了人们的现实生活世界。现代性是现代化的理论表达。实际上，正如不同的哲学家在阐

释其哲学观点或建构哲学体系时，都前提性地给出哲学的定义一样，不同的学者在研究现代性理论时，往往有自己对现代性的定义。笔者曾这样来概括现代性：作为现代化的生成目标、本质根据和理论表达，现代性以科技化推动下的工业化为动力驱动，以理性意识、科学精神和人本思维构筑的主体性为内在支柱，以市场经济、民主政治自由文化等互相关联的基本架构为表现。① 这里仍然使用对现代性的这一结构式的整体性概括。

概言之，现代性有两大维度，即外在的制度性维度和内在的精神性维度。在现代化道路的探索中，经过实践检验有效的手段或措施，经过理性概括提炼，积淀成为外在的制度性维度。内在的精神性维度则主要涵摄人的精神世界、精神生活和精神文化。有关现代性的诸多问题，如生态问题、核危机问题、经济危机问题、政治隐性腐败问题、文化殖民问题、道德和信任危机问题，等等，构成现代性的问题域。从现代性的两大维度来审视现代性问题域，外在的制度性维度成就较大且取得了一定的共识，而内在的精神性维度则成为一个问题重重的领域。

现代性问题域中的突出问题集中于内在的精神性维度，而该维度的问题进一步聚焦为，传统超越性价值失落之后，欲望的主宰和感性至上原则成为现代性精神生活的主流。在从传统社会到现代社会的转型过程中，如黑格尔所指出的，文艺复兴和启蒙运动导致超越世界和超越秩序逐渐消退，上帝经不起理性的推敲：人们发现，"'圣饼'不过是面粉所做，'圣骸'只是死人的骨头"，"'正义'和'道德'开始被认为在人类现实的'意志'中有它的基础"，"'精神'自己的内容在自由的现实中被理解"，理性代替宗教信仰而成为"绝对的标准"②。在提供超越性价值支撑方面，传统中国文化的道德崇拜发挥着与传统西方文化中的宗教信仰类似的功能。在现代化的进程中，无论是宗教信仰还是道德崇拜都随着理性化和世俗

---

① 王海滨：《精神重建与中国现代性的建构》，《马克思主义与现实》2015年第2期。
② 〔德〕黑格尔：《历史哲学》，王造时译，上海书店出版社，2001，第453~453页。

化的扩展而日渐衰落。对于传统道德与宗教的关系，泰勒认为："早期的道德观点认为，与某个源头——比如说，上帝或善的理念——保持接触对于完整存在是至关重要的。"① 在现代化的过程中，依赖宗教的道德观念日益感性化了，卢梭在其《漫步遐想》中就经常把道德问题表述为我们遵从自身本性的声音的问题，将"存在之感受"看成是幸福的尺度。哈贝马斯明确指出："现代性的话语，虽自 18 世纪末以来，名称不断翻新，但有一个主题，即社会整合力量的衰退、个体化和断裂。简言之，就是片面的合理化的日常实践的畸形化，这种畸形化突出了对宗教统一力量的替代物的需求。"② 也就是说，随着社会整合力量的衰退、个体化和断裂，宗教日益丧失其在传统社会所能发挥的超越性价值的功能。对于这一问题，尼采曾经用"上帝死了"这一惊人论断清晰明确地展现了他对传统的超越性价值失落的洞见。

伴随着传统超越性价值失落而来的，是人日益成为欲望的奴隶，以及感性至上原则代替超越性价值成为衡量存在的标准。英国著名社会学家吉登斯侧重于从社会制度结构层面研究现代性问题，但他也注意到，"现代性背景下，个人的无意义感，即那种觉得生活没有提供任何有价值的东西的感受，成为根本性的心理问题"③。这种现代性的心理问题，突出了现代化实践过程中的一个价值悖论，即人被尘世欲望和圣洁精神所撕裂："一个沉溺在强烈的爱欲当中，以固执的官能紧贴凡尘；一个则强要脱离尘世，飞向崇高的先人的灵境。"④ 舍勒曾经感慨，在现代性社会中，世界不再是精神的有机的"家园"，"而是冷静计算的对象和工作进取的对象，世界不再是爱

---

① 〔加〕查尔斯·泰勒：《现代性之隐忧》，程炼译，中央编译出版社，2001，第 30 页。

② Habermas, *Der Philosophische Diskursder Moderne*, Frankfurt/m, 1989, p. 166.

③ 〔英〕安东尼·吉登斯：《现代性与自我认同》，赵旭东、方文译，三联书店，1998，第 9 页。

④ 〔德〕歌德：《浮士德》，董问樵译，复旦大学出版社，1983，第 58 页。

和冥思的对象，而是计算和工作的对象"①。也就是说，世界逐渐成为人满足自身感性欲望的工具。

如何看待在现代性的内在精神性维度出现的欲望主宰和感性至上原则？韦伯比较客观地揭示了这些问题："我们这个时代，因为它独有的理性化和理智化，最主要的是因为世界已被除魅，它的命运便是，那些终极的、最高贵的价值，已从公共生活中销声匿迹。"②而法国社会学家迪尔凯姆从两个方面揭示了现代性的道德困境，他在深入研究了欧洲19世纪工业化对社会道德的影响后发现：一方面，传统道德权威阻碍了新道德体系的孕育、产生；另一方面，因为传统道德权威逐渐失灵，社会出现了道德"失范"现象。奥伊肯明确地批判这种现代性文化现象，他认为，将人生置于感觉基础之上，奉行感性至上的原则，"不仅宗教在劫难逃，一切道德和正义也同样要毁灭"，人就"不能接受内在的友谊，不能接受互爱和尊重，无法抵制自然本能的命令，人们的行动受一种主导思想即自我保存的影响，这一动机使他们卷入越来越冷酷无情的竞争，无法以任何方式导致心灵的幸福"。③实际上，黑格尔在批判伊壁鸠鲁的快乐至上的道德原则时，也对这一现代性问题表达了深深的担忧："如果感觉、愉快和不愉快可以成为衡量正义、善良、真实的标准，可以衡量什么应当是人生的目的的标准，那么，真正说来，道德学就被取消，或者说，道德的原则事实上也就成了一个不道德的原则了；——我们相信，如果这样，一切任意妄为将可以通行无阻。"④欲望主宰和感性至上原则导致的现代性问题，成为西方一些现代思想家批判的主要对象。聚焦现代性问题域中的中国问题，或者说从现代性的内在精神性维度来审视中国问题，成为中国学者义不容辞的责任和使命。

---

① 〔德〕舍勒：《死与永生》，转引自刘小枫《现代性社会理论绪论——现代性与现代中国》，上海三联书店，1998，第20页。

② 〔德〕马克斯·韦伯：《学术与政治》，冯克利译，三联书店，1998，第48页。

③ 〔德〕鲁道夫·奥伊肯：《生活的意义与价值》，万以译，上海译文出版社，1997，第21、23页。

④ 〔德〕黑格尔：《哲学史讲演录》第3卷，贺麟等译，商务印书馆，1959，第73页。

第二节　中国人精神世界的现代转型

自 18 世纪 60 年代以来，现代化逐渐成为浩浩荡荡不可阻挡的历史潮流。人的精神世界的现代转型，既是现代化进程的题中应有之义和必然要求，也是实现现代化的依赖条件和重要支撑。犹如缺乏"拱顶石"有力支撑的建筑必然倒塌一样，没有人的现代化，尤其是缺乏人的精神世界的现代转型，无论是先进的技术与科学的管理，还是合理的程序和精致的制度，都可能由于落后的主体思维方式或价值取向滋生的内在阻滞力而出现形形色色的变形甚至崩溃。伴随着自 1840 年开启的中国现代化征程，中国人精神世界的现代转型也已走过 180 多年的历史。在此期间，20 世纪前后尤其是五四新文化运动掀起的国民性改造潮流，以及改革开放以来在市场化、全球化、信息化、网络化推动下的社会全面转型时期的文化自觉和文化启蒙，促成了中国人精神世界现代转型的两大高潮。

中国人精神世界的现代转型，是伴随着中国现代化征程而历史性地发生的。1840 年以后，我国现代化的起步阶段一开始属于低速发展的资本主义现代化实践。西学东渐以来，尤其是鸦片战争惨败以后，国人起先是羡慕西方的坚船利炮，试图"师夷长技以制夷"，"中学为体，西学为用"的防御性话语显示了中国传统文化的认同渐入危机，再后来，西方的民主科学逐渐成为国人崇拜和模仿的对象。在学习西方、反思传统的过程中，作为多元化理想追求基础的国民性改造（代表性知识分子主要有梁启超、鲁迅和胡适），逐渐成为时代的主潮流。比如，梁启超最重要的著作就是《新民说》，而他创办的影响最大的杂志也定名为《新民丛报》，足以看出他对"造新民"的重视。鲁迅对国民劣根性的深刻揭露，以及"哀其不幸，怒其不争"的文化态度，也突出体现了其对于国民性改造的重视。1949 年以后，我国开启空前社会动员的社会主义现代化建设实践。1978 年以来，我国的现代化建设走上中国式现代化道路。值得注意的是，在现代化的物质文明建设取得举世瞩目成就的同时，我们的精神文明建设虽有进步但也呈现出某些问题。

如何深入地理解和把握中国人精神世界的转型？学界在这方面的研究始终无法深入并取得与人们的呼声相对等的研究成果的一个重要原因，就是缺乏一个清晰严谨的内在精神结构作为分析框架。传统的"知情意"三分法（涵摄着由外而内的"知"、由内而外的"意"，以及内外交融的"情"），逻辑严谨且概括性强。然而它也存在一定的局限性。比如，评价、信仰等精神因素都没有一定的位置。笔者认为，人的精神世界存在欲求、情感、认知、评价、道德、信仰等维度。总体来看，在从传统到现代的社会转型期，伴随着社会重组和文化失调，中国人成为"过渡人"，中国人的精神世界也呈现为"心灵的流动"或"冲突的精神"。因此，我们拟把这样的变化放到一定的结构中进行把握，也就是说，这里概括的变化是一定结构中的变化，即侧重于辩证转移而不是消失和新生的简单关系。

扩张的欲求：从勤俭节欲到欲望膨胀。勤劳节俭一直是中华民族的传统美德。孔子强调"温、良、恭、俭、让"，孟子认为"养心莫善于寡欲"，荀子讲要"以道制欲"，老子也把"俭"作为为人处世的"三宝"之一。程朱理学和陆王心学都强调"存天理，灭人欲"。在现代化的征程中，随着市场经济的发展，传统文化影响下一直压抑的欲望被重新激活了，这既给经济社会发展注入动力和活力，也不可避免地带来了诸多现代性的精神性问题。欲望开始膨胀和泛滥，制欲贬利或欲而不贪的传统思想，已被时代潮流远远地甩在后边了。

收缩的情感：从相与情厚到情感中立。在传统社会中，社会关系通常具有某种情感要素。这是因为传统社会主要是一个基于血缘、地缘或职缘的共同体。而在现代社会，随着分工和交换的发展，身份、德性和情感逐渐让位于契约、法治和理性。比如传统雇主与雇员的关系。雇主对待雇员就像家庭成员一样，即使生意亏本也不会轻易解雇雇员。而在现代社会，社会关系通常具有情感中立性，雇主往往理性地以情感中立的方式对待雇员，必要时就得解雇，否则就会影响生产效率甚至导致亏本。情感的收缩在其他的人际关系中亦是如此。

转移的认知：从精于人事到明于物理。中国传统文化重视人事，而不太注重认识自然，不少人还视科技为"奇技淫巧"。在研究人事的时候，血缘地缘依赖、家国同构、关系本位等成为文化重心。梁漱溟曾这样概括传统文化在认知方面的倾向："专以修己安人为学问，而农工商业一切技术则不入于学问，被划出劳动者注意圈外"，"心思聪明乃只用于修己安人，而不用于物质生产"①。钱宾四也曾指出："因此在中国智识界，不仅无从事专精自然科学上一事一物之理想，并亦无对人文界专门探求其一种智识与专门从事某一种事业之理想。因任何智识与事业仍不过为达到整个人文理想之一工具，一途径。"② 认知对象的这种差异，决定了认知方面其他诸种特征，如中国传统思维的模糊性、在逻辑上不同于西方重视同一律而重视相关律等。

变迁的评价：从他者导向到自我取向。这里的他者导向主要指不敢或不愿依靠理性独自做出抉择或判断，而是依赖先辈、皇帝、集体的引导，或者在崇古心理的引导下坚持传统导向，强调因循守旧，这导致传统惰性太强，缺乏主体性。从传统来看，中华民族的保守性与崇古心理尤浓。尧舜之治成为中国的"理想模型"，孔子也以"吾从周"来表达他标举上古的文化取向。大儒顾亭林在读黄梨洲的《明夷待访录》时最大的恭维话也是"百王之敝，可以复起，而三代之盛，可以徐还也"。窦巴利（de Bary）举出新儒家的三大特征，认为基本主义、复古主义与历史心态，实是中华民族共有之特征。尼维逊（D. S. Nivision）也认为中国的儒者，无不把眼睛往古看，企图在上古的道德遗训中获得规范现代行为制度的准绳，并且回到经典所陈述的上古世界。用培根的话说，中国人是完完全全受

① 梁漱溟：《中国文化要义》，上海人民出版社，2011，第 266、269、263 页。
② 转引自金耀基《从传统到现代》，中国人民大学出版社，1999，第 13 页。

古知识所支配的。罗素也曾指出，西方人的思变之切与中国人的耽于现状是中国与英语世界间最强烈的对照。① 与之相反，在现代化的征程中，个人主义、自由主义和功利主义日益盛行，人们开始注重追求现实的眼前幸福，认为幸福即自我实现、幸福即享受生活（幸福的实现论或享受论）。此外值得注意的是，现代社会在评价人的时候，也不同于传统社会重视出身或血缘关系的身份定位，而是注重评判能力和贡献。

虚化的道德：从顺从利他到主观相对。传统文化强调先天下之忧而忧，后天下之乐而乐，推崇兼济天下，而现代文化重视利益，甚至常有人说这是一个精致利己的时代。对于传统文化偏重的道德绝对主义和现代流行的道德相对主义，麦金太尔既否认有普遍、永恒不变的伦理价值原则，也反对只根据个人情感和意志来判断道德标准。究竟如何评价这两种道德论，我们这里不去具体研究。但是，从顺从利他转向主观相对的道德取向，已经无可置疑地成为一种时尚。

失落的信仰：从心存敬畏到贬低崇高。这里所说的信仰，是信念和仰慕的统一，它不仅仅包括宗教信仰。只要心存敬畏或怀有深沉且炽热的信念，都可以说是有所信仰。"君子有三畏：畏天命，畏大人，畏圣人之言"（《论语·季氏》），这体现了传统文化对敬畏之心的重视和倡导。

第三节　重建当代中国人的精神秩序

当代中国人的精神困境和重建当代中国人的精神世界等问题，成为正处于现代化征程中和社会转型期的当代中国的一个时代课题。在政治性话语方面，与这一课题相关的有毛泽东的"新人"思想、社会主义精神文明建设、文化建设、"精神懈怠的危险"、建设中华民族共有精神家园、社会主义核心价值体系和价值观、丰富人民精

① 参见金耀基《从传统到现代》，中国人民大学出版社，1999。

神世界、增强人民精神力量、满足人民精神需求，等等；在学术性话语方面，与这一课题相关的主要有国民性改造、人的现代化、人文精神重建、文化重建和道德重建等。从西方学者的研究来看，面对现代性道德文化危机问题，一些学者主张重建普遍理性主义伦理（源于康德，以罗尔斯、哈贝马斯为代表），一些学者主张回归传统德性（以麦金太尔、牟宗三为代表）。日本成功的重要文化原因之一，就在于其在走向现代化的过程中，超越了"中体西用"的妄自尊大和"西体中用"的妄自菲薄，实现了儒学传统的创造性转化和创新性发展，走出一条中西文化"你中有我，我中有你"，或"不中不西"又"即中即西"的文化道路。

基于对这一问题的研究现状，笔者尝试从精神秩序重建的维度切入，既反对强制性的文化秩序，也抵制肆意妄为的无序追求。秩序井然是一切事物有条不紊有序发展的基本保证，失序则往往容易导致混乱、倒退甚至崩溃。正如自然规律支配下的自然秩序调节着自然界的运动变化、法治伦理规范和纪律规章制度等约束下的社会秩序调节着社会历史的持续发展一样，精神世界的欲求、情感、认知、评价等维度，在倾向于追求自由的过程中也离不开一定的秩序以避免精神世界的紊乱。如果说礼治秩序和法治秩序是人类社会发展的"消防设施"，那么人的精神秩序则可以"防患于未然"。社会的健康发展和精神的和谐有序往往相辅相成、良性互动。同样，社会发展的暂时倒退也往往伴随着精神的紊乱失序，如古希腊与罗马帝国的毁灭期，以及中国每个封建朝代的末期。破解当代人精神世界的现存问题，迫切需要重建与中国式现代化建设实践能够良性互动的精神秩序。

借鉴国内外学者在相关问题领域中的探索，我们重建当代中国人的精神秩序至少应涵摄以下五个方面的内容。其一，优化制度结构。经济运行方式、政治体制、社会结构、法制体系和道德规范，是制约和影响甚至是决定人的精神世界与精神生活的外在环境条件。在社会转型期应不断优化外在的制度结构，这是重建当代中国人精神秩序的依赖条件。其二，整合文化生态。犹如阳光、水、空气等自然生态影响人的身体健康一样，作为"第二自然"的文化生态也影响着人的精神健康。在当代中国，作为党的指导思想和国家层面意识形态的马克思主义文化、"西学东渐"以来渐次传入的西方文化和数千年历史中渗透进我们血脉里成为民族性象征的传统文化，构成影响当代中国人精神世界现代转型的三大文化生态。重建当代中国人的精神秩序，需要在马克思主义文化指导下整合这三大文化生态，发挥当代中国文化的整体性力量。其三，归位精神结构，即内在精神结构的诸维度，以及各个维度所遵循的基本逻辑和适应的主要原理，都要各就其位并发挥各自的功能，不能随意缺位或越位。其四，彰显内在精神的传承性、整体性和能动性。当代中国人的精神秩序，理应适应现代化征程和社会转型期的历史境遇，既充分汲取传统文化的精华性因素，又不断积淀适应时代的现代性因素，还要注重发挥内在精神世界的整体性和能动性力量。其五，倡导理想信念。在一个欲望主宰和感性至上原则盛行的时代，精神缺钙和信念缺失的问题，成为发挥精神的力量之软肋。提升和激发敬畏之心和理想信念在当代中国人的精神秩序中的地位和力量，无疑是一剂良方。

第十四章　面向"中国问题"的人学研究与文化哲学：重建当代中国人的精神世界

在现代化的征程中，当代中国人的精神世界一定程度上出现道德失范、理想缺失等问题。本章从马克思主义人学研究出发，对于如何重建当代中国人的精神世界，初步提出一些新的探索方案：要不断改善精神世界重建的外部环境；要综合把握并系统划分内在精神结构；要重建精神生活的历史传承性、主观能动性和整体统一性；要把道路自信、理论自信、制度自信、文化自信转化为人民大众日常精神生活中的理性认知和自觉意识。

面向"中国问题"的文化哲学研究理路，既是文化哲学理论发展的逻辑要求，也是现实生活世界的迫切需求。当代中国人的精神文化生活，在精神传统断裂后产生了强烈的意义失落与无家可归之感，人们容易在多元思潮中显得无所适从。重建当代中国人精神生活的历史传承性、主观能动性为破解文化生活危机提供了契机。我国的文化哲学研究，从20世纪90年代初兴起，至今方兴未艾。任何哲学形态的持续发展都离不开反思意识与批判精神的内在驱动。从"居安思危"的问题意识出发，我们的文化哲学研究，或者倾向于揭示哲学的文化内涵，或者致力于阐发文化的哲学价值，或者执着于某种文化哲学形态，尽管无人否定文化哲学的现实关怀维度，但是真正面向"中国问题"的文化哲学研究，并没有取得与对它的呼声相对等的研究成果。本章在文化哲学的视域下集中关注现代化进程中当代中国人的精神文化生活问题。

第一节　传统文化认同与精神世界重建

引发当代中国人文化生活问题的第一个历史性因素是传统文化认同危机。现代化发端于西方，中国的现代化进程呈现出一定的"外发依赖性"。以市场经济取代自然经济，以民主政治取代独裁专制，以自由文化取代文化统治的现代化模式，对中国的现代化进程产生了深刻的影响，这必然造成人们对传统文化的认同危机。"文化认同这个术语指的是以有意识的具体特定文化构型为基础的社会认同。历史、语言和种族对文化认同来说，都是可能的基础，并且它们都是被社会性地建构的现实。即便是认识到所有认同的建构程度，这也并不会使它们成为虚假的或意识形态的"①。现实的剧变必然引起文化模式的变化。作为中国传统文化主脉的儒家哲学一向重视"修己内圣"。对此，梁启超曾作出这样的概括："儒家哲学范围广博，概括说起来，其用功所在，可以《论语》'修己安人'一语括之。其学问最高目的，可以《庄子》'内圣外王'一语括之。做修己的功夫，做到极处，就是内圣；做安人的功夫，做到极处，就是外王。至于条理次第，以《大学》上说得最简明。《大学》所谓'格物致知诚意正心修身'，就是修己及内圣的功夫；所谓'齐家治国平天下'，就是安人及外王的功夫。"② 儒家文化内在地充满人文关怀。因此，按照儒家文化修身养性，可以为人生提供一定的意义根据。

针对存在传统文化认同危机的现代性精神问题，可以从重建精神生活的历史传承性入手寻求破解的契机。重建精神生活的历史传承性，一方面是重视"遗传"，即对历史精神的继承；另一方面是重

---

① 〔美〕乔纳森·弗里德曼：《文化认同与全球性过程》，郭建如译，商务印书馆，2003，第 356 页。
② 梁启超：《梁启超哲学思想论文选》，北京大学出版社，1984，第 488 页。

视"承新",即对新时代精神的吸收与内化。这两个方面是同时存在、不可或缺的,否则容易造成精神生活中的"墙上芦苇"(缺乏"遗传")或"退耕还林"(缺乏"承新")现象。在人的生活世界中,现实物质生活条件是随历史进程而不断发展变化的,内在精神生活也需要一定的历史感。缺乏历史感的精神生活极易流于肤浅与碎片化,加重空虚焦虑的感受与及时行乐的风气。同时,人的精神生活也需要一定的现实感。一味地沉湎于传统,让"死人抓住活人",就会使精神生活失去活力与乐趣。丧失了现实基础的精神生活也必将如浮云流水般无依无靠。

　　前现代和现代的生活方式与精神感受有着很大不同。鲍曼就认为,在前现代,创造性并没有成为人确证自身存在的方式。相反,人必须通过世界本有的自然秩序与结构来规划自己的生活。因此,一种内含自我平衡和自我维持机制的生活方式被作为追求的目标。对这种生活方式而言,世界的存在表现为一种稳定、和谐的结构。这一结构不是控制和改造的对象,而是以敬畏之心进行苦思冥想的对象①,或者是需要刻苦钻研的对象①。鲍曼深刻地揭示了传统精神生活具有心存敬畏、追求适应的特征。这种精神生活与注重创造性的现代精神生活存在深刻差异,由此才能构成"历史",因为完全相同的东西是无所谓历史的。在这个意义上,所谓重建精神生活的历史传承性,也就是对精神生活的历史差异性予以承接与延续。对当代中国人的精神生活而言,适应性与创造性无疑都是不可或缺且无可替代的。现代性的精神生活需要传统精神生活的内容及其方式的补充。在传统的精神生活中,秩序赋予人的生存以意义。正如查尔斯·泰勒所发现的,"人们过去常常把自己看成一个较大秩序的一部分,在某种情况下,这是一个宇宙秩序,一个'伟大的存在之链'……这些秩序在限制我们的同时,也赋予世界和社会生活的行为以意义"②。

----

① 〔英〕齐格蒙特·鲍曼:《被围困的社会》,郇建立译,江苏人民出版社,2005,第111页。

② 〔加〕查尔斯·泰勒:《现代性之隐忧》,程炼译,中央编译出版社,2001,第3～4页。

与传统相比，以主体性为依托的现代性充满创造性与自由性，但是这也造成了整体性视野与崇高目标感的丧失。现代的个人主义价值观，虽然给主体的自由开放了很大空间，但同时使个人失去了其行为中的更大的社会性与宇宙性的视野，以及更强的目标感。传统的精神生活以缺失自由性与创造性为代价，获得了整体性的生活价值与意义；现代人的精神生活获得了自由选择与创造意义的契机，却往往因失去标准之后流于变动不居，而找不到价值坐标与意义支撑。对于人的精神生活而言，整体性视野、崇高目标感、自由选择的空间、活力与创造性等都需要拥有一定的位置。重建精神生活的历史传承性，就是试图寻求传统精神生活与现代精神生活之间充满活力与张力的动态平衡。

第二节　文化启蒙与精神世界重建

造成当代中国人文化生活问题的第二个历史性因素是文化启蒙。传统文化认同，如果能辅以启蒙运动的价值支撑，则能相对缓解意义失落的问题，然而这一方面的历史境遇不容乐观。西方的启蒙运动，是随着历史发展在西方社会内部生成的，它以西方自身的传统文明为基础。无论是卢梭的"消灭一切害人虫"，还是康德的"独立运用理智"，都显示出西方启蒙运动的全面性与彻底性。这些思想延续到韦伯的"离神远去"及霍克海默的"去除蒙昧"。

针对文化启蒙相对缺失的现代性精神问题，可以从重建精神生活的主观能动性入手寻求破解的契机。这种主观能动性，实际上正是精神世界与精神生活的本性，也是现代化进程及现实生活世界的迫切需求。现代化进程也是世俗化取得"居高临下"地位的过程。所谓世俗性转向，在西方，主要是在世界的去魅中神性的离场；在中国，则主要是整体性的失落与"礼崩乐坏"式的失序。这种转向具体表现为消费逻辑高于生产逻辑、享受优于劳动、大众文化取代精英文化、追求自由个性等诸种社会现象。因此，在现代生活世界中，出现了乌尔里希·贝克所说的现象，即个人的生活方式变成了用个体的方案去解决系统矛盾；或者，用鲍曼的话来说，"各种机构不再试图用预先设计和准备好的惯例来替代个体选择，但是，个体不得不面对稳定的压力，即不得不凭借个体的力量去解决不断变化的社会条件带来的不可预测性、非连续性和空虚"①。真相往往与假象结合以遮蔽背后的真实。世俗化时代精神生活似乎拥有更多自由的表象，这也使人们容易忽视武断选择的混乱与匿名权威的控制。麦金太尔就从道德分歧中发现了武断选择的决定性作用："所谓的当代道德分歧，不过是些相互对立的意志的冲突而已，每一意志都是由它自己的某些武断选择所决定的"②。在当代生活中，除了科学家、心理专家、健康专家和幸福专家等"实名权威"对人的日常生活及精神生活方式的明显影响之外，"匿名权威"的控制也无所不在。这从广告宣传对人的口味、视觉等欲求的影响，大众传媒对人的情感与意志的渗透，以及人们对影视明星、歌星等名人的言行举止与穿着打扮的关注与模仿中可见一斑。由此观之，在从前现代到现代的历史进程中，人的精神生活似乎复制了从童年到成年的历程，即从自在到自由自觉再到异化与失落。

重建精神生活的主观能动性，既是对当前精神生活的受动性与依赖性倾向的批判，又是对精神生活的独立性与能动性的肯定，还是对自发性与原创性的精神生活的启蒙与建构。黑格尔曾理性地肯定了精神的地位与力量。他指出："人既然是精神，则他必须而且应该自视配得上最高尚的东西，切不可低估或小视他本身精神的伟大和力量。"③ 精神生活的主观能动性问题源于人的精神性存在，正是这种精神性存在使人与世界产生不可弥合的分裂，人又通过实践及相应的精神生活试图弥补此种分裂。在重建精神生活的主观能动性，

---

① 〔英〕齐格蒙特·鲍曼：《被围困的社会》，郇建立译，江苏人民出版社，2005，第 6~7 页。
② 〔美〕阿拉斯代尔·麦金太尔：《德性之后》，龚群等译，中国社会科学出版社，1995，第 13 页。
③ 孙正聿：《崇高的位置》，人民出版社，2002，第 67 页。

使人找到生活的价值与意义方面，无论是作为审美之路的诗化依托，还是作为救赎之路的坦然承受，都离不开发挥精神生活的主观能动性，尤其是不能忽视主动与感性或神性结合的重要性。依此逻辑，还可以有第三条道路，即认知之路。这一路径虽然受真假原理的制约，却也可以在冷静的观察、虔诚的思索、恭敬的追问，以及"为了求知而求知"的探索中，使精神生活获得简单却源源不断的意义。在许多大科学家那里，可以看到这种精神生活的具体表现。在探索不同道路的时候，发挥精神生活的主观能动性，是防止我们误入歧途的路标。

第十五章　历史唯物主义视域中的中国精神涵养与话语体系建构

在历史唯物主义的视域中，中国精神是区分中国和其他国家的文化标识和精神符号，是民族精神与时代精神的汇流，是凝心聚力的兴国之魂、强国之魂。中国精神具有民族性和时代性的统一、普遍性和特殊性的统一、稳定性和开放性的统一等特征，是中国道路的精神指引。在基于现实逻辑和把握现代观念的基础上，建构表征当代中国精神的范畴体系和话语方式，是研究和宣传中国精神的内在要求。人无精神不立，国无精神不强。中国精神是新时代中国共产党人和中国人民最鲜明的精神标识，是指引中华民族伟大复兴的精神旗帜。习近平总书记强调指出："实现中国梦必须弘扬中国精神。这就是以爱国主义为核心的民族精神，以改革创新为核心的时代精神。"[1] 认真学习领会习近平总书记的重要论述，对于深入把握和研究阐释中国精神，把中国特色社会主义事业不断推向前进，具有重要理论和实践意义。

第一节　如何认识和涵养中国精神

何谓"精神"？中国传统文化中的"精神"，主要指精灵之气及其变化、人的神情意志，或者相对于形骸而言的人的精气和元神。

---

① 《习近平著作选读》第一卷，人民出版社，2023，第98页。

在现代汉语中，"精神"主要指人的思维意识、心理状态、内在世界的活力，是由社会存在决定的人的意识活动及其内容和成果的总称。此外，人们还经常使用"精神"概念表达"精髓、要义"内涵。在西方精神理论的集大成者黑格尔那里，作为绝对的实体、认识的运动、自然的真理性和理念的真正现实、主观存在和客观存在的统一，"精神"具有观念性、自为性、活动性和过程性等特征。综观上述关于"精神"的各种概念阐释，我们认为可以从形而下维度和形而上维度来把握和理解"精神"：前者相当于人的"主观""意识""内心"，后者则凸显了具有超越性的"灵性""悟性""神性"等特征。

中国何以成为中国？除了一些表层的因素，如土地、资源、人口、历史等因素之外，深层次的灵魂性支柱在于中国具有很强的中国精神。中国精神是区分中国和世界上其他国家的文化标识和精神符号。总体而言，作为民族精神与时代精神的汇流，中国精神是在社会历史进程中积淀和凝聚下来的反映中国人民精神生活状态的正向的积极的精神成果，具有民族性和时代性的统一、普遍性和特殊性的统一、稳定性和开放性的统一等特征。

在 2013 年 3 月第十二届全国人民代表大会第一次会议上的重要讲话中，习近平总书记把中国精神与中国梦联系起来，第一次提出并阐释了"中国精神"这个概念："实现中国梦必须弘扬中国精神。这就是以爱国主义为核心的民族精神，以改革创新为核心的时代精神。这种精神是凝心聚力的兴国之魂、强国之魂。爱国主义始终是把中华民族坚强团结在一起的精神力量，改革创新始终是鞭策我们在改革开放中与时俱进的精神力量。"① 在这里，习近平总书记既指明了提出中国精神的时代背景，即"实现中国梦必须弘扬中国精神"，也说明了中国精神的重大价值，即"凝心聚力的兴国之魂、强国之魂"。更重要的是，他从民族性和时代性的维度鲜明地提炼了中国精神的主要内涵，即"以爱国主义为核心的民族精神，以改革创

---

① 《习近平谈治国理政》，外文出版社，2014，第 40 页。

新为核心的时代精神"。值得注意的是，这里提出爱国主义是民族精神的核心，而不是全部；改革创新是时代精神的核心，也不是全部。完整准确理解习近平总书记关于中国精神的内涵界定，需要进一步把握和提炼民族精神与时代精神的积极成果。同时，在不同的时代中国精神有不同的呈现形态，当代中国精神的集中体现就是社会主义核心价值观。[①]

如何涵养中国精神？如同一个人的生存与发展不能没有精神家园一样，一个国家一个民族也需要拥有自己的精神家园。作为一种隐形的内在精神气质，中国精神渗透于方方面面，具有极强的凝聚力和引领力，发挥着润物无声的作用。中国人民和中国共产党人的精神风貌、精神格局和精神谱系，是构筑和涵养新时代中国精神的源头活水。在悠久的历史文明中，中国人民逐渐汇聚出伟大创造精神、伟大奋斗精神、伟大团结精神和伟大梦想精神。习近平总书记提出的这"四个伟大精神"，积淀于中华文明的基因中，流淌在中华民族的血脉里，并在历史的长河中逐渐融入中华儿女的心灵秩序和精神境界之中，构建了中华民族的精神谱系。

从中国人民中走出来的中国共产党，进一步绘就中国共产党人的精神谱系，如革命时期的红船精神、长征精神、延安精神，建设时期的铁人精神、雷锋精神、焦裕禄精神，改革过程中的改革开放精神，今天的伟大斗争精神、自我革命精神等。这些精神是我们党在不同时期的精神风貌和精神形象的典型，展示了中国共产党在面临一定的困境时勇于进取、敢于追求理想的精神状态和奋斗姿态。

中国精神是历史延续性和历史创造性的辩证统一。今后，需要进一步优化制度结构和整合文化生态，为涵养中国精神奠定物质基础和文化基础，还需要继续在坚持文化主体性自觉的基础上不断吸收和容纳现代西方先进精神文明成果，进而在实践发展和时代变化的过程中不断提升中国共产党人和中国人民的精神境界，持续涵养、锤炼和滋润中国精神。

---

① 《习近平谈治国理政》第二卷，外文出版社，2017，第351页。

第二节 怎样构建中国精神话语体系

中国道路是中国奇迹产生的根本原因，中国精神是中国道路的精神指引和精神标识。面向当代中国的现实逻辑，关注思想观念的重组与历史演化，汲取既有理论资源、运用先进研究方法并借助思想碰撞的力量，建构表征当代中国精神的话语体系，是研究和宣传中国精神的内在要求。在新的时代背景下，构建表征当代中国精神的话语体系，可以从以下三个方面推进。

第一，把握从根本上制约和影响当代中国精神的现实逻辑。这一逻辑主要是从结构转型到整体升级的现实逻辑。现代化过程首要是结构转型过程。这种转型，是从 1978 年真正开始的。当然，这一转型也有其历史基础：既基于新中国成立以来社会主义建设实践，也发端于 1840 年以来中国追寻现代化的足迹，还来源于中华文明五千年的智慧积淀。结构转型是把握当代中国发展现实的逻辑起点。作为当代中国现代化发展进程中诸多结构性要素的变化、重组和转化的体现及对其的概括，结构转型在内容上既包括经济领域的所有制结构、分配结构、产业结构、经济增长的要素结构、投资结构、资源配置结构的转型，也包括政治领域的权力结构转型，还包括文化领域的文化结构转型。推进结构转型，需要实行领域分离，即政企相对分开、政社相对分开，进而实现力量转移。今天，我国的市场力量、社会力量相对增大，就是这种力量转移的写照。市场力量、社会力量的增大带来了财富生产，随之而来的就是财富分配。分配背后的实质是利益，分配之必然展开的逻辑，是利益博弈。当前，我们正处在利益博弈期。思想的背后是利益，利益往往是用思想表达的，利益多样化必然带来思想多样化，为解决一定程度上出现的思想分化问题，首先要达成共识。

要达成思想共识，进而凝聚力量推动整体性发展，需要重建和塑造与当代中国现代化发展能够良性互动的文化生态。在当代中国，作为民族性象征的中国传统文化、"西学东渐"以来传入的西方文化，以及新中国成立后开始成为党和国家层面意识形态的马克思主义文化，构成当代中国人现实生活世界中的主要文化形态。在这三大文化传统对话、交流和融合的基础上，积淀出能够应对中国现代性问题的文化优势和中国智慧，成为学界建构文化中国的时代使命。

上述这些，正在当今中国社会引起广泛而深刻的变化，这就是整体升级。党的十八大以来，我国发生的是以力量转移、利益博弈等为推动力的整体升级。这种整体升级，正在从生产力、生产关系，人的生存方式、外交方略等方面全方位展开。推进当代中国发展的整体升级，提高现代治理能力是关键。由此，党的十八大以来，以习近平同志为核心的党中央积极推进国家治理体系和治理能力现代化。现代治理的主要手段是协调推进"四个全面"战略布局，其首要目的是凝聚共识，顺利推进当代中国整体升级，如提出公平正义、建设法治中国、积极培育和践行社会主义核心价值观等，以建构推动当代中国社会发展的良性秩序，现代治理、建构良性秩序的根本目标就是民族复兴。从"结构转型"演进到"财富生产"，涉及的核心是人和物的关系；从"财富分配"到"思想分化"，涉及的核心是人和人的关系；"凝聚共识"，涉及的核心是人与自身精神世界的关系；从"整体升级"到"民族复兴"，涉及的核心是国家治理现代化，是正确处理国家、市场、社会、公民个人之间的关系。这就是当代中国发展的现实逻辑。

第二，深入把握受现实逻辑影响的观念。与思想相比，观念使人具有更加明确的价值取向和行动方向。观念和话语体系的关系明确、简单。人们可以凭借若干有内在联系的观念形成社会化的意识形态。观念和社会行动的关系也比思想更直接，观念往往是针对具体事件或活动的。

作为一个后起的现代化国家，中国在接受西方现代观念时，直接用音译作为新名词的情况相当少，大多数时候是把中国文化中原有的词注入新意义以表征外来观念（旧词新意）。话语体系上的旧词新意，在一定程度上承载着"旧邦新命"式的历史使命。当今中国人理解和使用的一些文化观念，其形成在近代中国基本经历了三个阶段。19世纪中叶后的洋务运动时期，用中国原有的文化观念对西方现代观念的意义进行有选择性的吸收，容易适应传统文化观念的能够很快引入进来并被接受，而没有意义重叠之处的西方观念则大多遭到拒斥；甲午战争后到新文化运动前，中国人以最开放的心态接受西方的现代观念，引入大量传统文化中没有的新观念；新文化运动时期，中国人开始对所有外来观念进行消化和整合，在重构中形成了中国式的现代观念，并在这些观念基础上，建构了现代中国主要的意识形态。新文化运动后期，马克思主义文化观念逐渐较为系统地传入中国。经过中国现代常识理性的识别和验证，并经由现代中国人情感上的体会，部分西方现代观念和马克思主义文化观念逐渐融入中国文化观念的深层结构之中。

　　第三，在基于现实逻辑和把握现代观念的基础上，建构表征当代中国精神的范畴体系和话语方式。语言可谓思想的运算符号。思想的传播、精神的弘扬，都离不开一定的语言载体和话语方式。随着历史和时代的发展，一些原有的范畴体系、解释框架和话语方式已逐渐不能适应新的要求。中国问题的历史演进也要求寻求新的范畴体系与理论框架进行分析和解释。基于当代中国的现实逻辑和中国问题，以及当代中国人的精神世界状态和精神文化状况，在传承中华优秀传统文化与坚守马克思主义文化的基础上，我国思想理论界主要围绕西方马克思主义、思想启蒙、市场逻辑与资本逻辑、公共领域与市民社会、人文精神与后现代主义、全球化与后殖民主义等问题，进行了一系列错综复杂又相互关联的深入讨论。这些讨论激发了思想的力量，为以理论或思想的形式把握当代中国发展的现实逻辑作出了基础性的贡献。然而，从范畴体系和话语方式来看，这些讨论很少推出具有重大影响的中国范畴和中国话语，大多还是在使用西方的、中国传统的、经典文本中的或教科书中的概念、理论体系和分析框架，构建具有中国特色的中国精神话语体系，还需要长期努力。

依据社会存在决定社会意识、历史与逻辑相统一的历史唯物主义基本原理及其方法论要求，我们需要重新建构能够解释结构转型时期的中国问题及其发展趋势的理论体系。范畴体系无疑是建构符合乃至适应当代中国发展的现实逻辑和当代中国的精神文化状况的中国理论的基点。首先，要把握当代中国的精神文化发展所处的历史方位。处于全球化时代的外源型现代化发展中国家，集前现代的、现代的和后现代的因素于一身，这些因素在当代中国同时存在且具有时空压缩特征。中国既要传承、弘扬中华优秀传统文化，也要在反思资本主义现代性的基础上建构中国的现代性，更要坚守以社会主义意识形态为内容的价值取向。其次，要坚持形式与内容相统一的辩证方法。表征当代中国精神的话语体系，应该与当代中国人的精神世界和精神生活相统一。再次，要注重理念提升。这里所谓的理念提升，主要是指抓住当代中国人的精神世界和精神生活中出现的问题及其本质，提炼出核心的解释性概念或思想。最后，要把握话语之间的逻辑。建构表征当代中国精神的话语体系，必须重视概括和提炼出来的相应观念或话语之间的逻辑联系，这是形成中国精神话语体系的基本要求。

参考文献

一　经典著作

《马克思恩格斯全集》第 1 卷，人民出版社，1995。

《马克思恩格斯全集》第 2 卷，人民出版社，1957。

《马克思恩格斯全集》第 3 卷，人民出版社，2002。

《马克思恩格斯全集》第 4 卷，人民出版社，1958。

《马克思恩格斯全集》第 16 卷，人民出版社，1964。

《马克思恩格斯全集》第 18 卷，人民出版社，1964。

《马克思恩格斯全集》第 19 卷，人民出版社，1963。

《马克思恩格斯全集》第 21 卷，人民出版社，2003。

《马克思恩格斯全集》第 23 卷，人民出版社，1972。

《马克思恩格斯全集》第 25 卷，人民出版社，1974。

《马克思恩格斯全集》第 26 卷第 1 册，人民出版社，1972。

《马克思恩格斯全集》第 27 卷，人民出版社，1972。

《马克思恩格斯全集》第 30 卷，人民出版社，1995。

《马克思恩格斯全集》第 31 卷，人民出版社，1998。

《马克思恩格斯全集》第 40 卷，人民出版社，1982。

《马克思恩格斯全集》第 42 卷，人民出版社，1979。

《马克思恩格斯全集》第 44 卷，人民出版社，2001。

《马克思恩格斯全集》第 45 卷，人民出版社，1985。

《马克思恩格斯全集》第 46 卷上册，人民出版社，1979。

《马克思恩格斯全集》第 46 卷下册，人民出版社，1980。

《马克思恩格斯全集》第 47 卷，人民出版社，1979。

《马克思恩格斯全集》第 48 卷，人民出版社，1985。

《马克思恩格斯选集》第 1~4 卷，人民出版社，2012。

《马克思恩格斯文集》第 1~10 卷，人民出版社，2009。

《马恩列斯研究资料汇编》，书目文献出版社，1981。

〔德〕马克思：《1844 年经济学哲学手稿》，人民出版社，2000。

〔德〕马克思：《资本论》第 3 卷，人民出版社，1972。

《列宁选集》第 2 卷，人民出版社，1995。

《列宁选集》第 4 卷，人民出版社，1995。

《毛泽东选集》第 4 卷，人民出版社，1991。

中共中央党校教务部：《十一届三中全会以来党和国家重要文献选
　　编》，中共中央党校出版社，2008。

《习近平谈治国理政》，外文出版社，2014。

《习近平谈治国理政》第 2 卷，外文出版社，2017。

二　译著

〔德〕康德：《判断力批判》，邓晓芒译，人民出版社，2002。

〔德〕康德：《实践理性批判》，邓晓芒译，人民出版社，2003。

〔德〕黑格尔：《法哲学原理》，范扬、张企泰译，商务印书馆，1961。

〔德〕黑格尔：《精神现象学》，贺麟、王玖兴译，商务印书馆，1979。

〔德〕黑格尔：《历史哲学》，王造时译，上海书店出版社，2001。

〔德〕黑格尔：《精神哲学》，杨祖陶译，人民出版社，2006。

〔德〕黑格尔：《小逻辑》，贺麟译，商务印书馆，1980。

〔德〕黑格尔：《自然哲学》，梁志学译，商务印书馆，1980。

〔德〕黑格尔：《美学》第 1 卷，朱光潜译，商务印书馆，1979。

〔德〕黑格尔：《哲学史讲演录》第 1 卷，贺麟、王太庆译，商务印
　　书馆，1959。

〔德〕黑格尔：《哲学史讲演录》第 3 卷，贺麟等译，商务印书馆，1959。

〔德〕黑格尔：《世界史哲学讲演录（1822—1823）》，刘立群等译，商务印书馆，2015。

〔英〕亚当·斯密：《国民财富的性质和原因的研究》，郭大力、王亚南译，商务印书馆，1972。

〔德〕弗里德里希·李斯特：《政治经济学的国民体系》，陈万煦译，商务印书馆，1961。

〔古希腊〕柏拉图：《理想国》，郭斌和、张竹明译，商务印书馆，1986。

〔古希腊〕亚里士多德：《形而上学》，吴寿彭译，商务印书馆，1959。

〔古希腊〕亚里士多德：《政治学》，吴寿彭译，商务印书馆，1965。

〔古希腊〕亚里士多德：《尼各马可伦理学》，廖申白译，商务印书馆，2003。

〔古罗马〕奥古斯丁：《忏悔录》，周士良译，商务印书馆，1963。

〔法〕拉罗什福科：《道德箴言录》，何怀宏译，三联书店，1987。

〔英〕康浦·斯密：《康德〈纯粹理性批判〉解义》，韦卓民译，华中师范大学出版社，2000。

〔英〕柯普斯登：《西洋哲学史　第二卷　中世纪哲学》，庄雅堂译，台北黎明出版社（黎明文化事业公司），1988。

〔美〕莫蒂默·艾勒、查尔斯·范多伦主编《西方思想宝库》，《西方思想宝库》编委会译编，吉林人民出版社，1988。

〔英〕休谟：《人性论》下册，关文运译，商务印书馆，1980。

〔美〕杜威：《人的问题》，付统先译，上海人民出版社，1965。

〔德〕埃德蒙德·胡塞尔：《生活世界现象学》，倪梁康、张廷国译，上海译文出版社，2002。

〔德〕胡塞尔：《欧洲科学的危机与超越论的现象学》，王炳文译，商务印书馆，2001。

〔德〕胡塞尔：《胡塞尔选集》，倪梁康选编，上海三联书店，1997。

〔德〕胡塞尔：《欧洲科学危机和超验现象学》，张庆熊译，上海译文出版社，1988。

〔德〕海德格尔：《存在与时间》，陈嘉映、王庆节译，三联书店，1987。

〔德〕海德格尔：《林中路》，孙周兴译，上海译文出版社，1997。

〔德〕海德格尔：《海德格尔选集》，孙周兴译，三联书店，1996。

〔德〕海德格尔：《面向思的事情》，陈小文、孙周兴译，商务印书馆，1999。

〔德〕尼采：《偶像的黄昏》，周国平译，湖南人民出版社，1987。

〔德〕尼采：《权力意志》，张念东、凌素心译，商务印书馆，1991。

〔德〕尼采：《论道德的谱系》，周弘译，三联书店，1992。

〔德〕叔本华：《作为意志和表象的世界》，石冲白译，商务印书馆，2004。

〔奥〕弗洛伊德：《精神分析引论》，高觉敷译，商务印书馆，1988。

〔英〕罗素：《宗教与科学》，徐奕春、林国夫译，商务印书馆，1982。

〔美〕托马斯·库恩：《必要的张力》，纪树立、范岱年、罗慧生译，福建人民出版社，1981。

〔匈〕L.G.卢卡契：《审美特性》第1卷，徐恒醇译，中国社会科学出版社，1986。

〔德〕马克斯·韦伯：《学术与政治》，冯克利译，三联书店，1998。

〔德〕马克斯·韦伯：《经济与社会》上卷，林荣远译，商务印书馆，1997。

〔美〕埃里希·弗洛姆：《占有还是生存》，关山译，生活·读书·新知三联书店，1989。

〔美〕马尔库塞：《爱欲与文明》，黄勇、薛民译，上海译文出版社，1987。

〔美〕马尔库塞：《审美之维》，李小兵译，三联书店，1989。

〔德〕哈贝马斯：《在事实与规范之间》，童世骏译，三联书店，2003。

〔美〕阿列克斯·英格尔斯：《人的现代化》，殷陆君编译，四川人民出版社，1985。

〔美〕奈斯比特：《大趋势——改变我们生活的十个新方向》，梅艳译，中国社会科学出版社，1984。

〔美〕布莱克：《现代化的动力》，段小光译，四川人民出版社，1988。

〔美〕丹尼尔·切特罗姆：《传播媒介与美国人的思想》，曹静生等译，中国广播电视出版社，1991。

〔美〕阿拉斯代尔·麦金太尔：《德性之后》，龚群等译，中国社会科学出版社，1995。

〔德〕卡尔·雅斯贝尔斯：《时代的精神状况》，王德峰译，上海译文出版社，1997。

〔英〕安东尼·吉登斯：《现代性与自我认同——现代晚期的自我与社会》，赵旭东、方文译，三联书店，1998。

〔美〕斯蒂文·贝斯特、〔美〕道格拉斯·凯尔纳：《后现代理论》，张志斌译，中央编译出版社，1999。

〔英〕迈克·费瑟斯通：《消费文化与后现代主义》，刘精明译，译林出版社，2000。

〔英〕齐格蒙·鲍曼：《立法者与阐释者》，洪涛译，上海人民出版社，2000。

〔美〕约瑟夫·奈：《美国霸权的困惑——为什么美国不能独断专行?》，郑志国译，世界知识出版社，2000。

〔法〕让·博德里亚尔：《完美的罪行》，王为民译，商务印书馆，2000。

〔法〕让·波德里亚：《消费社会》，刘成富、全志钢译，南京大学出版社，2000。

〔加〕查尔斯·泰勒：《现代性之隐忧》，程炼译，中央编译出版社，2001。

〔英〕安东尼·吉登斯、〔英〕克里斯多弗·皮尔森：《现代性——吉登斯访谈录》，尹宏毅译，新华出版社，2001。

〔美〕马泰·卡林内斯库：《现代性的五副面孔》，顾爱彬、李瑞华译，商务印书馆，2002。

〔美〕乔纳森·弗里德曼：《文化认同与全球性过程》，郭建如译，商务印书馆，2003。

〔英〕齐格蒙特·鲍曼：《被围困的社会》，郇建立译，江苏人民出版社，2005。

〔美〕约瑟夫·奈：《硬权力与软权力》，门洪华译，北京大学出版社，2005。

〔美〕约瑟夫·奈：《软力量——世界政坛成功之道》，吴晓辉、钱程译，东方出版社，2005。

〔以〕S. N. 艾森斯塔特：《反思现代性》，旷新年、王爱松译，三联书店，2006。

〔美〕马歇尔·伯曼：《一切坚固的东西都烟消云散了：现代性体验》，徐大建、张辑译，商务印书馆，2013。

〔德〕歌德：《浮士德》，董问樵译，复旦大学出版社，1983。

〔法〕帕斯卡尔：《思想录》，何兆武译，商务印书馆，1986。

〔法〕波德莱尔：《波德莱尔美学论文选》，郭宏安译，人民文学出版社，1987。

〔法〕利奥塔：《非人》，罗国祥译，商务印书馆，2000。

〔瑞士〕皮亚杰：《儿童的心理发展》，傅统先译，山东教育出版社，1982。

〔瑞士〕皮亚杰、英海尔德：《儿童心理学》，吴福元译，商务印书馆，1980。

〔瑞士〕皮亚杰：《发生认识论原理》，王宪钿等译，商务印书馆，1981。

〔德〕玻恩：《我这一代的物理学》，侯德彭译，商务印书馆，1964。

〔英〕卡尔·波普尔：《猜想与反驳》，傅季重译，上海译文出版社，1988。

〔德〕N. 霍恩：《法律科学与法哲学导论》，罗莉译，法律出版社，2005。

〔英〕艾耶尔：《语言、真理与逻辑》，尹大贻译，上海译文出版社，1981。

〔美〕汉娜·阿伦特：《精神生活·思维》，姜志辉译，江苏教育出版社，2006。

〔德〕莫里茨·盖格尔：《艺术的意味》，艾彦译，华夏出版社，1999。

〔德〕雅斯贝尔斯：《当代的精神处境》，黄藿译，三联书店，1992。

〔美〕A.J. 赫尔舍：《人是谁》，隗仁莲译，贵州人民出版社，1994。

〔美〕理查·罗蒂：《哲学和自然之镜》，李幼燕译，三联书店，1987。

〔德〕伽达默尔：《真理与方法——哲学诠释学的基本特征》，洪汉鼎译，上海译文出版社，1999。

〔德〕鲁道夫·奥伊肯：《生活的意义与价值》，万以译，上海译文出版社，1997。

〔德〕鲁道夫·奥伊肯：《新人生哲学要义》，张源、贾安伦译，中国城市出版社，2002。

三　中文著作

程颢、程颐：《二程集》，王孝鱼点校，中华书局，1981。

张载：《张载集》，中华书局，1978。

王阳明：《传习录》，叶圣陶点校，北京联合出版公司，2018。

《王阳明全集》，上海古籍出版社，2011。

梁启超：《梁启超哲学思想论文选》，北京大学出版社，1984。

王国维：《中国人的境界》，中国工人出版社，2013。

杨明照：《抱朴子外篇校笺》第四十卷，中华书局，1997。

熊十力：《熊十力全集》第3卷，湖北教育出版社，2001。

冯友兰：《中国哲学史新编》第一册（修订本），人民出版社，1982。

冯友兰：《中国哲学简史》，北京大学出版社，1985。

冯友兰：《贞元六书》，中华书局，2014。

牟宗三：《中国哲学十九讲》，贵州人民出版社，2020。

李景明、唐明贵编《20世纪儒学研究大系·儒道比较研究》，中华书局，2003。

张岱年：《中国哲学大纲》，商务印书馆，2015。

徐梵澄：《陆王学述——一系精神理论》，上海远东出版社，1994。

徐梵澄：《玄理参同》，崇文书局，2017。

李泽厚：《李泽厚哲学文存》下编，安徽文艺出版社，1994。

李泽厚：《哲学纲要》，北京大学出版社，2011。

蒙培元：《心灵超越与境界》，人民出版社，1998。

俞吾金、吴晓明主编《二十世纪哲学经典文本——中国哲学卷》，复旦大学出版社，1999。

葛兆光：《禅宗与中国文化》，上海人民出版社，1986。

楼宇烈：《王弼集校释》，中华书局，1980。

陈鼓应：《老子注释及评介》，中华书局，1984。

王博：《庄子哲学》，北京大学出版社，2004。

陆学艺主编《当代中国社会阶层研究报告》，社会科学文献出版社，2002。

陈望衡：《20世纪中国美学本体论问题》，湖南教育出版社，2001。

许纪霖：《寻求意义：现代化变迁与文化批判》，三联书店，1997。

杭之：《一苇集》，三联书店，1991。

刘小枫：《拯救与逍遥》，三联书店，2001。

高新民：《现代西方心灵哲学》，武汉出版社，1994。

周辅成编《西方伦理学名著选辑》下卷，商务印书馆，1987。

罗国杰：《伦理学》，人民出版社，1989。

唐凯麟：《伦理学》，高等教育出版社，2001。

周国平：《尼采：在世纪的转折点上》，新世界出版社，2008。

金耀基：《从传统到现代》，中国人民大学出版社，1999。

复旦大学哲学系现代西方哲学研究室编译《西方学者论〈1844年经济学—哲学手稿〉》，复旦大学出版社，1983。

苗力田、李毓章主编《西方哲学史新编》，人民出版社，1990。

张世英：《论黑格尔的精神哲学》，上海人民出版社，1986。

孙正聿：《属人的世界》，吉林人民出版社，2007。

孙正聿：《崇高的位置》，人民出版社，2010。

李德顺：《价值论》，中国人民大学出版社，2007。

韩庆祥：《论马克思开辟的哲学道路》，北京师范大学出版社，2024。

韩庆祥：《马克思的人学理论》，北京师范大学出版社，2024。

韩庆祥：《作为分析框架的哲学》，北京师范大学出版社，2024。

王海滨：《追寻马克思开辟之哲学道路》，河南人民出版社，2020。

王海滨：《中国共产党人的精神建设》，河南人民出版社，2023。

四　论文

孙正聿：《寻找"意义"：哲学的生活价值》，《中国社会科学》1996年第 3 期。

郑永扣、潘中伟：《历史唯物主义的科学性质》，《中国社会科学》2012 年第 3 期。

韩庆祥、徐绍刚：《寻求对人生命运和心灵世界的合理解答》，《郑州大学学报》2001 年第 1 期。

郝立新：《历史唯物主义的理论本质和发展形态》，《中国社会科学》2012 年第 3 期。

张一兵：《马克思"必然王国"向"自由王国"转换的理论真谛》，《哲学研究》1994 年第 8 期。

张曙光：《论作为现实和理论问题的"精神"》，《哲学研究》2003年第 12 期。

何中华：《"人性"与"哲学"：一种可能的阐释》，《文史哲》2000年第 1 期。

倪梁康：《现象学运动的基本意义——纪念现象学运动一百周年》，《中国社会科学》2000 年第 4 期。

倪梁康：《纵横意向——关于胡塞尔一生从自然、逻辑之维到精神、历史之维的思想道路的再反思》，《现代哲学》2013 年第 4 期。

杨大春：《从心性现象学到物性现象学》，《学术月刊》2022 年第 1 期。

张荣：《奥古斯丁的灵魂观》，《河北师范大学学报》1998 年第 3 期。

陈嘉明：《现代性的虚无主义——简论尼采的现代性批判》，《南京大学学报》2006 年第 3 期。

许纪霖：《世俗社会的中国人精神生活》，《天涯》2007 年第 1 期。

万俊人：《现代语境中的伦理学和伦理学家》，《道德与文明》2007年第 4 期。

李宗桂：《国学与中华民族精神家园》，《中山大学学报》2009 年第 3 期。

张庆熊：《尼采哲学思想的主轴：以权力意志为准则重估一切价值》，《学术月刊》2009 年第 12 期。

郭本禹：《当代精神分析的新发展——精神分析与诠释学的融合》，《南京师大学报》2013 年第 1 期。

尚杰：《还原实际的精神生活——不朽的柏格森》，《江海学刊》2011年第 6 期。

程光炜：《引文式研究：重寻"人文精神讨论"》，《文艺研究》2013年第 2 期。

蒙培元：《浅论中国心性论的特点》，《孔子研究》1987 年第 4 期。

张立文：《人的创造与人的精神发展》，《首都师范大学学报》2004年第 4 期。

张立文：《中国精神论》，《江海学刊》2024 年第 1 期。

唐君毅：《孟墨庄荀之言心申义》，《新亚学报》1995 年第 2 期。

李明辉：《朱子对"道心"、"人心"的诠释》，《湖南大学学报》2008 年第 1 期。

李景林、田智忠：《朱子心论及其对先秦儒学性情论的创造性重建》，《中国社会科学》2007 年第 3 期。

方立天：《禅宗精神——禅宗思想的核心、本质及特点》，《哲学研究》1995 年第 3 期。

刘文英：《中国传统精神哲学论纲》，《中国哲学史》2002 年第 1 期。

晁福林：《从精神考古看文明起源研究问题》，《天津社会科学》2005年第 3 期。

高海波：《“精神哲学”的现代展开：张学智教授的中国哲学研究》，《中国哲学史》2024 年第 3 期。

周炽成：《“心学”源流考》，《哲学研究》2012 年第 8 期。

五　外文文献

Tillich, *Systematic Theology*, Volume 1, University of Chicago Press, 1951.

Hannah Arendt, *The Human Condition*, Chicago: University of Chicago Press, 1958.

Herbert Marcuse, *Erosand Civilization: APhilosophicalInquiryintoFreud*, Boston: Beacon Press, 1962.

Novack George, *Humanism and Socialism*, Pathfinder Press, 1973.

Karl Lowith, *Marx Weber and Karl Marx*, translated by Hans Fantel, New York: Ggeorge Allen&U nwin (Publishers) Ltd. , 1982.

Mary Douglas, Aaron B. Wildvasky, *Risk and Culture: An Essay on the Selection of Technical and Environmental*, University of California press, 1983.

Hinton, W. , Shenfan, *The Continuing Revolution in a Chinese Village*, New York: Random House, 1983.

Chan, A. and other Chen Village, *The Recent History of a Peasant Communist Mao's China*, Berkely: University of California Press, 1984.

Hsiung James C. , *Human Rights in East Aisa: A Culture Perspective*, Paragon House press, 1985.

Nesselroade John R. ed. , *Individual Development and Social Change: Explanatory analysis*, Academic Press, 1985.

Edwards Randle R. , *Human Rights in Contemporary China*, Columbia University Press, 1986.

Jurgen Habermas, “Modernity-An Incomplete Project”, in P. Rainbow and W. Sullivan, *Interpretive Social Science: A Second Look*, University of California Press, 1987.

Habermas, *Der Philosophische Diskursder Moderne*, Frankfurt/m, 1989.

Sinari Ramakant: Concept of Man in Philosophy. Indian Instit of Advanced Study, 1991.

Zaitchik Jeoseph A. , *Human values: Perspectives on Six Themes*, Benchmark Publisher, 1993.

Gordon Milton M. , *Human Nature, Class and Ethnicity*, Oxford University press, 1993.

Peter Singer: How Are We to Live? Ethics in an Age of Self Interest, Prometheus Books, 1995.

Edward Lazear, Human Wealth and Human Capital, National Bureau of Economic Research, 1995.

Ernst Bloch, *he Spirit of Utopia*, Meridian, 1998.

AndrewHeywood, *Political Theory: An Introduction*, London: Macmillan, 1999.

Henri Lefebvre, *Every Life in the Modern World*, London: The Athlone Press, 2000.

Marcuse, H. , *Beyond one – dimensional man*, edited by Douglas Kellner, towards a critical theory. London and New York, 2001.

Steven Best, Douglas Kellner, *The Postmodern Adventure*, London: Guilford Press, 2001.

Tom Rockmore, *Marx After Marxism*, Blackwell Publishers, 2002.

David Harvey, *The New Imperialism*, Routledge, 2003.

Callon, Michel, Pierre Lascoumbes, and Yannick Barthe, *Acting in An uncertain World: An Essay on Technical Democracy*, Cambridge, MA: MIT Press, 2009.

Chari, Anita, Reconstructing Reification: Toward Postcapitalist Forms of Life. Conference Papers—Western Political Science Association, 2009 Annual Meeting.

Jari I. Niemi, "Jurgen Habermas's Theory of Communicative Rationality: The Foundational Distinction Between Communicative and Strategic Action", *Social Theory and Practice*, Vol. 31 (4), 2005.

Byron Rienstra, Derek Hook, Weakening Habermas: the Undoing of Communicative Rationality, *Politikon*, Vol. 33 (3), 2006.

Andrew Feenberg. From Critical Theory of Technology to the Rational Critique of Rationality. Social Epistemology, Vol. 22. (1), 2008.

Christophe Schinckus. The Importance of Communicative Rationality on Financial Markets. Journal of Economic and Social Research, Vol. 12 (2), 2010.

中共中央党校（国家行政学院）
马克思主义理论研究丛书书目

第一批（11 册）

探求中国道路密码　　　　　　　　　　　张占斌／著

对外开放与中国经济发展　　　　　　　　陈江生／著

国家治理现代化的唯物史观基础　　　　　牛先锋／著

中国道路的哲学自觉　　　　　　　　　　辛　鸣／著

历史唯物主义的"名"与"实"　　　　　王虎学／著

马克思主义中国化的理论逻辑　　　　　　李海青／著

发展：在人与自然之间　　　　　　　　　邱耕田／著

马克思主义基本原理若干问题研究　　　　王中汝／著

马克思人学的存在论阐释　　　　　　　　陈曙光／著

新时代中国特色新型城镇化道路　　　　　黄　锟／著

比较视野下的中国道路　　　　　　　　　张　严／著

第二批（12 册）

马克思主义经典著作与当代中国　　　　　赵　培／著

马克思主义政治经济学与当代中国经济发展　蒋　茜／著

马克思早期思想文本分析　　　　　　　　李彬彬／著

出场语境中的马克思话语　　　　　　　　李双套／著

当代资本主义新变化　　　　　　　　　　张雪琴／编译

当代马克思主义若干问题研究　　　　　　崔丽华／著

中国道路与中国话语　　　　　　　　　　唐爱军／著

历史唯物主义的返本开新　　　　　　　　王　巍／著

新时代中国乡村振兴问题研究　　　　　　王海燕／著

被遮蔽的马克思精神哲学　　　　　　　　王海滨／著

论现代性与现代化　　　　　　　　　　　刘莹珠／著

青年马克思与施泰因　　　　　　　　　　王淑娟／著

第三批（6 册）

异化劳动与劳动过程　　　　　　　　　　毕照卿／著

政党治理的逻辑　　　　　　　　　　　　柳宝军／著

身份政治的历史演进研究　　　　　　　　张丽丝／著

西方马克思主义文化批判理论研究　　　　张楠楠／著

马克思利润率趋向下降规律研究　　　　　周钊宇／著

马克思恩格斯对黑格尔历史观的批判与超越　朱正平／著

第四批 （6 册）

构建与超越：中国式现代化道路研究 王慧娟／著

新时代中国特色基层协商实务 刘文郡／著

马克思所有权理论研究 梅沙白／著

历史唯物主义视域中的"精神"研究 王海滨／著

防范金融风险与稳定经济增长 王学凯／著

阿尔都塞的哲学思想研究 王文轩／著

图书在版编目（CIP）数据

历史唯物主义视域中的"精神"研究／王海滨著．
北京：社会科学文献出版社，2025.3. --（中共中央党
校（国家行政学院）马克思主义理论研究丛书）．
ISBN 978-7-5228-5010-8

Ⅰ. B03

中国国家版本馆 CIP 数据核字第 2025PH8730 号

中共中央党校（国家行政学院）马克思主义理论研究丛书
历史唯物主义视域中的"精神"研究

著　　者／王海滨

出 版 人／冀祥德
责任编辑／王小艳
责任印制／王京美

出　　版／社会科学文献出版社·马克思主义分社（010）59367126
　　　　　地址：北京市北三环中路甲 29 号院华龙大厦　邮编：100029
　　　　　网址：www.ssap.com.cn
发　　行／社会科学文献出版社（010）59367028
印　　装／三河市尚艺印装有限公司

规　　格／开本：787mm×1092mm　1/16
　　　　　印 张：13　字 数：180 千字
版　　次／2025 年 3 月第 1 版　2025 年 3 月第 1 次印刷
书　　号／ISBN 978-7-5228-5010-8
定　　价／89.00 元

读者服务电话：4008918866